Ms Sadia

Sistema robusto de deteção de ataques de clones de identidade na plataforma Facebook

Ms Sadia

Sistema robusto de deteção de ataques de clones de identidade na plataforma Facebook

ScienciaScripts

Imprint
Any brand names and product names mentioned in this book are subject to trademark, brand or patent protection and are trademarks or registered trademarks of their respective holders. The use of brand names, product names, common names, trade names, product descriptions etc. even without a particular marking in this work is in no way to be construed to mean that such names may be regarded as unrestricted in respect of trademark and brand protection legislation and could thus be used by anyone.

Cover image: www.ingimage.com

This book is a translation from the original published under ISBN 978-3-330-35174-5.

Publisher:
Sciencia Scripts
is a trademark of
Dodo Books Indian Ocean Ltd. and OmniScriptum S.R.L publishing group

120 High Road, East Finchley, London, N2 9ED, United Kingdom
Str. Armeneasca 28/1, office 1, Chisinau MD-2012, Republic of Moldova, Europe
Printed at: see last page
ISBN: 978-620-7-62745-5

Agradecimentos

Em primeiro lugar, estou grato a Deus misericordioso que me permitiu e me deu os conhecimentos necessários para realizar este trabalho de investigação e me fortaleceu para atingir os meus objectivos nesta investigação.

Tive o privilégio de trabalhar em estreita colaboração com o **Dr. Azhar Rauf**; gostei da oportunidade de observar e aprender com os seus conhecimentos e experiência. Estou-lhe grato por ter prestado a sua amável atenção ao longo deste trabalho de investigação. Encorajou-me nos momentos difíceis e disponibilizou o seu apoio e tempo sempre que precisei durante o trabalho.

Quero agradecer ao **Sr. Rashid Ahmad e** ao Sr. **Jamal Abdul Nasir**, pela assistência e ajuda que me deram durante todo este trabalho de investigação. Também me ajudaram na execução do meu trabalho de investigação. Gostaria de agradecer à minha amiga e superior **Fatima Liaqat** pela sua assistência e apreço pelo meu trabalho e pelo seu encorajamento na realização da minha tarefa. Estou grata a todos os meus amigos que me apoiaram ao longo dos últimos anos: **Nooria Walid, Mamoona Alam** e **Sadia Jabeen**. Tive muitas discussões úteis e divertidas com elas. Por último, estou grato a todos os membros da minha família que me apoiaram totalmente durante os meus estudos e trabalhos de investigação. Sem o seu apoio, tal não seria possível.

RESUMO

Estamos a viver na era das redes sociais, em que as pessoas estão ligadas através dos meios de comunicação social. Exemplos de redes sociais são o Twitter, o Facebook, o LinkedIn e o Myspace. Por vezes, as redes sociais não são utilizadas da forma pretendida, o que coloca os dados dos utilizadores em risco de segurança. Esta tese de investigação aborda um sistema de deteção de um tipo especial de ataque à segurança em que um utilizador falso se faz passar por um utilizador válido e divulga informações pessoais de outros utilizadores. Este tipo de ataque é conhecido como Identity Clone Attack (ICA). Introduzimos uma nova técnica de Deteção de Perfis Clonados (CPD), que consiste numa abordagem em três etapas, baseada numa medida de semelhança, na verificação do endereço IP e na deteção de modelos comportamentais. Esta técnica alerta um utilizador e os seus amigos em caso de ataque de clone de identidade e diminui as vulnerabilidades do ataque de clone de identidade. Para efeitos de experimentação, foram utilizadas as API de gráficos do Facebook para aceder ao perfil dos utilizadores do Facebook. Os testes experimentais produziram resultados prometedores.

ÍNDICE DE CONTEÚDOS

LISTA DE ABREVIATURAS

ICA	Identity Clone Attack
CPD	Clone Profiles Detector
PUP	Profile Usage Pattern
SNS	Social Network Services

Capítulo 1
Introdução

Na era da tecnologia moderna, a comunicação entre as pessoas tornou-se fácil. Cada vez mais pessoas se juntam e transmitem perspectivas umas às outras através de fóruns em linha, correio eletrónico, conversação e redes sociais. Estes tipos de comunicação são eficientes e menos dispendiosos em comparação com os meios de comunicação tradicionais. As pessoas pertencentes a diferentes grupos e ideologias estão ligadas entre si através dos sítios de redes sociais. A maioria dos indivíduos está inscrita na Web com diversas personagens virtuais e, entretanto, utiliza diferentes sítios de comunicação informal de longo alcance [1].

Os sítios de redes sociais não são apenas atractivos para o público em geral, mas os serviços secretos e os departamentos de defesa dos países estão também a interessar-se pelos sítios de redes sociais, de modo a obter informações sobre as actividades das pessoas. As redes sociais são também atractivas para indivíduos nocivos que se apoderam e abusam dos dados individuais lucrativos dos outros, razão pela qual estes destinos podem constituir um verdadeiro risco para a proteção e algumas pessoas sentir-se-ão relutantes em utilizar as redes sociais. Seguem-se pormenores sobre as redes sociais, a sua história, utilizações e utilizações incorrectas, categorias, uma breve introdução a um dos riscos de segurança que é o Identity Clone Attack (ICA) e a definição do problema.

1.1 O que são as redes sociais?

Em suma, os media sociais são uma combinação de duas palavras: "Social" e "Media". Media é um instrumento de correspondência como a rádio, a televisão e o jornal, enquanto a palavra social pertence ao ser humano e à sua sociedade. Por conseguinte, os media sociais são um instrumento social de correspondência.

No que diz respeito à Web 2.0, a rede social é um sítio que emite dados sobre coisas distintas, bem como interage consigo enquanto fornece dados de passatempo. Esta colaboração pode ser tão básica como pedir uma crítica ou pode ser tão complexa como recomendar um filme com base na classificação de outras pessoas com interesses semelhantes. De acordo com Beal [2], os meios de comunicação social são um termo utilizado para descrever uma mistura de fases, aplicações e inovações electrónicas que permitem aos indivíduos comunicar socialmente em linha. Saluja et al. [3] definiram que os media sociais são os meios de comunicação para a associação social que utilizam procedimentos distribuídos profundamente abertos e versáteis.

Ahlqvist et al. [4] definiram os media sociais como três lados de um triângulo: substância (conteúdos), grupos e Web 2.0, como se mostra na Figura 1.1. A substância alude à substância criada pelo cliente, que pode ser de diversos tipos; pode ser fotografias, sons ou elementos com alguns dados, etiquetas e inquéritos. O segundo vértice do triângulo são os grupos, uma vez que a acentuação do termo "media social" está na sua primeira palavra, social, pois criar e transferir conteúdos e investimentos torna-se intrigante quando há outras pessoas a fazer o mesmo exercício. Consequentemente, a forma social de exercício transforma-se em comunidades de pessoas com interesses e natureza semelhantes. A terceira pedra angular, mas não menos importante, é a Web 2.0. O avanço dos avanços computorizados para a criação e partilha de conteúdos, as inovações e aplicações da Web permitem que os indivíduos participem efetivamente na Web. Por vezes, este termo é utilizado para aludir a toda a maravilha das redes em linha, mas os autores utilizaram-no para comprimir o ângulo especializado.

1.2 Tipos de redes sociais

Existem diversos tipos de meios de comunicação social, mas os que se seguem são os mais conhecidos [5]:

- **Redes sociais** - Administrações que permitem o contacto com outras pessoas com interesses e fundamentos semelhantes. Normalmente, as organizações interpessoais incluem perfis de clientes, além de oferecerem diferentes gabinetes para colaborar com diferentes clientes, e também podem configurar grupos. As organizações interpessoais mais proeminentes são o Facebook e o LinkedIn.

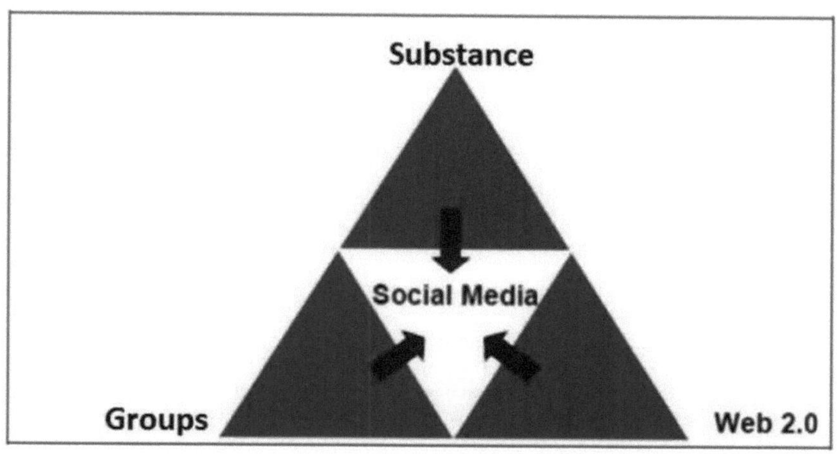

Figura 1.1. Triângulo dos media sociais

- **Sítios de bookmarking** - Administrações que lhe permitem poupar, compor e supervisionar ligações de numerosos sítios e recursos na Web. Uma grande parte dos destinos de bookmarking permite-lhe "etiquetar" as suas ligações para facilitar a sua procura e participação no futuro. Os destinos de bookmarking mais conhecidos são o Delicious (www.delicious.com) e o StumbleUpon (www. stumbleupon.com).
- **Notícias sociais** - Administrações que permitem que os indivíduos publiquem diferentes notícias ou ligações a artigos externos e, posteriormente, permitem que os seus clientes "votem" nas coisas. A votação é a parte social central das notícias sociais, uma vez que as coisas que obtêm muitos votos são mostradas de forma mais inconfundível. O grupo escolhe as notícias que são vistas por mais pessoas. Os mais famosos são o Digg (www.digg.com) e o Reddit (www. reddit.com).
- **Partilha de conteúdos** - Serviços que permitem transferir e oferecer diferentes meios de comunicação, por exemplo, imagens e funcionalidades. A maioria das administrações tem destaques sociais adicionais, por exemplo,

perfis e comentários. Os mais comuns são o YouTube e o Flick.

- **Microblogging** - Administrações que dão ênfase a actualizações curtas que são enviadas a qualquer pessoa inscrita para receber as actualizações. O Twitter é um exemplo de microblogging.
- **Comentários e fóruns de jornais online** - Os encontros online permitem que os indivíduos mantenham discussões através da publicação de mensagens. Os comentários do sítio Web são comparativos, para além de estarem ligados a diários Web e, normalmente, o discurso baseia-se no ponto da entrada do blogue.
- **Mundos de jogos virtuais** - Os clientes dos mundos de jogos virtuais participam em divertimentos de fingimento online para vários jogadores, por exemplo, World of Warcraft. Os clientes destas recreações têm normalmente normas rigorosas a cumprir.
- **Mundos Sociais Virtuais** - Os clientes dos Mundos Sociais Virtuais têm mais algumas oportunidades relativamente à sua conduta, permitindo-lhes continuar com uma vida virtual que é comparável ou completamente diferente da sua vida genuína. Um bom exemplo é o Second Life (www.secondlife.com).
- **Projectos colectivos** - Em empreendimentos sinérgicos, os clientes finais são efetivamente incluídos na criação mútua de conteúdos. Os clientes estão autorizados a incluir, desenraizar e alterar a substância do conteúdo em locais como a Wikipédia.

1.3 Rede social

De acordo com o dicionário Oxford [6], a rede social é um sistema de associações sociais e ligações individuais ou é um sítio ou outra aplicação que permite que os clientes falem uns com os outros através da publicação de dados, comentários, mensagens e imagens.

Lewis et al. [7] definiram que as redes sociais são instalações baseadas na Web que permitem que as pessoas criem um perfil aberto ou semi-aberto dentro de um quadro limitado, façam um resumo de diferentes clientes com quem partilham uma associação, vejam a sua lista de associações e as feitas por outros dentro do quadro. Por outro lado, a rede social [8] pode igualmente ser caracterizada como um grupo virtual ou um sítio de perfil. Uma rede social é um sítio na Web que reúne indivíduos numa área focal para conversar, apresentar ideias e intrigas, ou fazer novos companheiros.

1.3.1 Categorias de redes sociais

Quando se fala de redes sociais, alguns dos sítios de redes mais famosos que nos vêm à cabeça são o Facebook, o Twitter e o Linkedln. Mas estes sítios prevalecentes não caracterizam a gama completa de redes sociais existentes. Algumas das principais classes de redes sociais são apresentadas a seguir [9].

Ligações sociais

O principal fator que mantém as redes sociais mais vivas e mais utilizadas deve-se às suas vantagens em termos de comunicações sociais fáceis e menos demoradas com amigos e familiares. Segue-se uma lista dos sítios Web mais conhecidos para criar ligações sociais em linha:

- **Facebook:** Atualmente, é a rede social mais popular. O Facebook oferece uma forma de os utilizadores criarem ligações e partilharem informações com pessoas e organizações com as quais decidem interagir em linha.
- **Twitter:** É utilizado para microblogging e partilha os seus pensamentos em estado e mantém a comunicação com outros utilizadores através de uma rede de informação em tempo real.
- **Google +:** este novo membro da associação social tem como objetivo permitir que os clientes criem círculos de contactos com os quais podem colaborar e que está coordenado com outros elementos do Google.
- **Myspace:** Embora tenha começado basicamente como um site de rede social alargado. O Myspace foi criado para se concentrar na diversão social, dando um sítio a associações sociais relacionadas com filmes, recreação musical e isso é apenas o começo.

Partilha de multimédia

Um dos principais factores responsáveis pela popularidade das redes sociais é o facto de facilitarem a partilha de conteúdos de vídeo e fotografia em linha. Seguem-se alguns dos sítios mais populares para a partilha de multimédia:

- **YouTube**: É a plataforma de redes sociais mais vista e utilizada que permite aos utilizadores partilhar e visualizar conteúdos de vídeo.
- **Flickr**: Este sítio oferece uma seleção influente para trabalhar fotografias digitais online e, adicionalmente, para as transmitir a outros.

Profissional

As redes sociais profissionais são especialmente concebidas para proporcionar novas e melhores oportunidades de crescimento profissional. Alguns destes tipos de redes oferecem um meio geral para os profissionais se ligarem, enquanto outros se concentram em ocupações ou interesses específicos. Seguem-se alguns exemplos de redes sociais profissionais:

- **LinkedIn**: Em abril de 2015, o LinkedIn tinha mais de 350 milhões de membros. Os participantes têm a oportunidade de estabelecer relações, estabelecendo contactos e aderindo a grupos relevantes.
- **Sala de aula 2.0**: Esta rede social foi especificamente concebida para ajudar os professores de todo o mundo a estabelecerem contactos, partilharem e prestarem assistência a outros em questões específicas da profissão.
- **Nurse Connect:** Esta comunidade em linha foi concebida para ajudar os profissionais de enfermagem a ligarem-se e a comunicarem com outras pessoas da mesma profissão para se ajudarem mutuamente na sua preparação profissional.

Informativo

Trata-se de uma classe especial de indivíduos que se mantêm actualizados sobre os assuntos correntes e estas comunidades informativas procuram respostas para os problemas do dia a dia através dos sítios das redes sociais. Por exemplo, se um indivíduo planeia iniciar um projeto de melhoramento da casa ou quer aprender a ser ecológico em casa, pode fazer uma pesquisa na Web e descobrir inúmeros blogues, sítios Web e fóruns ligados a pessoas que partilham informações sobre o projeto em causa, o que é útil para o navegador que procura assistência. Alguns exemplos incluem:

- **Super Green Me**: É uma comunidade em linha onde as pessoas interessadas em adotar práticas de vida ecológicas podem interagir facilmente e partilhar ideias novas e melhores, o que lhes consome menos tempo.
- **Fóruns de discussão HGTV**: É possível unir-se a pessoas interessadas em mudar o projeto da casa através das folhas de mensagens da HGTV.
- **Comunidade "faça você mesmo":** Um ativo de rede social para permitir que os devotos do "faça você mesmo" colaborem uns com os outros.

Educação

Estas redes educativas são famosas na comunidade estudantil da nossa aldeia global, onde os estudantes de diferentes partes do mundo colaboram com outros estudantes em projectos académicos, realizam planos de investigação para a escola ou para a universidade e interagem com professores e docentes através de blogues e fóruns na sala de aula. Estes sítios de redes sociais educativas estão a tornar-se extremamente populares no sistema educativo atual. Alguns exemplos de redes sociais educativas são apresentados a seguir:

- **A Sala do Estudante:** Grupo de estudantes com sede no Reino Unido que destaca um quadro de mensagens direcionado e recursos úteis identificados com a escola.

- **O Fórum da Matemática:** um dos sistemas de instrução substanciais excecionalmente destinados a fazer a interface entre os estudantes com um entusiasmo pela ciência e pelas estimativas, este sítio oferece portas abertas de correspondência para os estudantes por grupo etário.

- **Blogue da Escola ePALS**: Este sítio de rede social internacional foi concebido para estudantes do ensino básico e secundário e tem como objetivo criar associações universais e promover a paz mundial entre os estudantes.

Passatempos

Uma das razões mais reconhecidas pelas quais muitas pessoas de diferentes classes e faixas etárias utilizam a Internet é a realização de pesquisas sobre os seus projectos favoritos ou tópicos de interesse relacionados com passatempos pessoais. Quando as pessoas navegam num sítio Web baseado no seu passatempo favorito, descobrem diferentes fóruns relacionados com a sua área de interesse e cada zona é composta por toda uma comunidade de pessoas de todo o mundo que partilham a mesma paixão por esses interesses. Este é o ponto-chave e o principal objetivo do criador de sítios Web de redes sociais ao conceber o sítio Web desejado, que está mais centrado nos passatempos dos navegadores. O fabrico de mais funcionalidades de comunicação torna-os mais populares. Alguns exemplos de sítios de redes sociais orientados para os passatempos incluem:

- **Oh My Bloom**: Site de rede online especialmente para fãs de plantações. Destaca cachos, encontros, sítios, conteúdos de destaque e isso é apenas o começo.
- **Scrapbook.com**: Este site é composto exatamente por fãs de scrapbooking. Os clientes podem criar perfis, oferecer dados, publicar redesenhos e muito mais.
- **Gritos desportivos:** Um destino em linha muito famoso para os amantes do desporto expressarem as suas opiniões e comunicarem com outros fãs.

Académico

Os investigadores académicos de diferentes universidades e centros de investigação que desejem partilhar a sua investigação e analisar os resultados obtidos pelos seus colegas podem considerar as redes sociais específicas do meio académico bastante apreciadas. Algumas das comunidades em linha mais populares para académicos são:

- **Academia.edu**: Os utilizadores desta rede social académica podem não só partilhar a sua própria investigação, como também seguir a investigação apresentada por outros.
- **Connotea Collaborative Research:** Ativo em linha para investigadores, cientistas e especialistas clínicos descobrirem, classificarem e oferecerem dados úteis.

Portal de investigação

O Research Gate é um sítio de rede social para investigadores e analistas partilharem trabalhos de investigação, colocarem e responderem a diferentes questões relacionadas com investigação recente e tendências na indústria, e encontrarem colaboradores. www.researchgate.net é um bom exemplo.

1.3.2 Redes sociais que proporcionam benefícios

Atualmente, a comunicação interpessoal de longo alcance é o método de correspondência mais conhecido em todo o mundo. Não só fornece vantagens de correspondência com os seus clientes, como também é excecionalmente valiosa para os especialistas da sua vocação. Algumas circunstâncias favoráveis diferentes da utilização da comunicação informal online são apresentadas abaixo:

- Os sítios de redes sociais são uma forma excelente e rápida de estabelecer ligações com pessoas com interesses e objectivos semelhantes. Podem ser acedidos a partir de qualquer parte do mundo.
- As redes sociais mantêm as comunicações na lista de contactos de um utilizador

com velhos amigos e colegas.

- As redes sociais facilitam a vida de um utilizador, que pode publicar coisas interessantes, comentar e gostar de outras publicações.
- Os sistemas sociais fornecem um método decente para publicações ocasionais.
- O site de administração de sistemas especializados, como o LinkedIn, permite que os clientes exijam conhecer representantes que não são contactos conhecidos.
- Os freelancers devem descobrir contactos através de reuniões de especialistas, como o LinkedIn.
- Os empresários podem desenvolver organizações interpessoais para comercializar os seus produtos e serviços.
- Expande o levantamento estatístico, actualiza cruzadas de promoção, transmite intercâmbios e coordena pessoas interessadas em determinados locais.
- Permite que os trabalhadores falem sobre as suas ideias, publiquem notícias, façam perguntas e estabeleçam contactos.
- Para organizar um encontro com companheiros e associados, as comunidades informais dão espaço para encontros e as pessoas podem encontrar-se através de conversação por texto e vídeo, em vez de se deslocarem a um determinado local.
- As comunidades académicas informais permitem aos investigadores partilhar as suas ideias, trocar ideias com diferentes analistas sobre os seus problemas e tirar proveito das descobertas dos investigadores.
- Os professores exploram regularmente as capacidades de comunicação pessoa a pessoa dos alunos para criar sítios de aulas, reuniões de exames, vídeos e muito mais.
- As crianças de diferentes faixas etárias podem ganhar confiança social através da interação com outras pessoas em linha.
- Diferentes peritos como especialistas, consultores jurídicos, estudantes, artistas, jornalistas e trabalhadores sociais podem fazer montagens e trocar ideias.
- Os utilizadores podem atualizar-se em relação aos assuntos correntes, bastando

para isso gostar de diferentes páginas relacionadas com notícias da rede social de jornalismo.

- O SNS pode proporcionar aos jovens diversas oportunidades para descobrirem como se comportar eficazmente num grupo, explorando um espaço social aberto e criando normas e aptidões sociais enquanto membros de grupos de companheiros.
- O SNS é um ponto de acesso fabuloso para organizar exercícios, ocasiões ou encontros para mostrar questões e suposições e sensibilizar um grupo mais alargado de pessoas para as mesmas.
- Os SNS são a melhor fonte para aperfeiçoar as capacidades de debate e de conversação numa ligação de bairro, nacional ou universal. Isto ajuda os clientes a criar métodos abertos para se apresentarem.

1.3.3 Desvantagens da utilização das redes sociais

Diz-se que "uma moeda tem duas faces", e as redes sociais oferecem dezenas de vantagens aos seus utilizadores, ao mesmo tempo que apresentam algumas desvantagens. Algumas das desvantagens enfrentadas pelos utilizadores das redes sociais são enumeradas a seguir:

- Pode perder alguma segurança em comparação com o facto de não estar na organização interpessoal [10].
- O utilizador pode, numa fase posterior, arrepender-se de ter publicado fotografias pessoais e dados biográficos.
- O utilizador pode ser vítima de bulling em linha, o que pode ser causa de difamação da sua personalidade.
- Os perfis falsos dos utilizadores podem ser utilizados por outros de forma imoral para gozar e enganar o utilizador genuíno.
- Abre a possibilidade de os programadores conferirem falsas declarações e enviarem spam e ataques de infeção.
- Pode haver uma verdadeira interferência ou perda de tempo; alguns indivíduos passam muitas horas na organização interpessoal em vez de utilizarem esse

tempo valioso para satisfazer as expectativas ou para se concentrarem.

- Influencia igualmente o nosso bem-estar de forma direta, devido ao facto de nos deixar sonolentos durante muito tempo.
- As imagens e expressões numa parede podem substituir as chamadas telefónicas e o tempo de contacto visual com a família e os companheiros [11].
- As redes sociais amplificam o fosso entre os indivíduos que têm acesso à inovação do PC e os que não têm.
- A administração dos sistemas sociais pode negociar a proteção de uma forma importante.
- As redes sociais podem condicionar as mudanças no arranjo aberto por meio do peso das massas que utilizam os sistemas habitualmente. Os patrões podem agora utilizar o histórico de comunicações informais privadas de um indivíduo e utilizá-lo como um estado de contratação.
- As redes sociais podem ser utilizadas para fazer avançar a resolução de litígios digitais.
- As redes sociais podem transformar-se num sítio de assédio.
- As redes sociais podem ser um vetor de racionalização do dialeto, restringindo assim o avanço e a expressão das ideias.
- Teoricamente, a eficiência é menor, sobretudo se os trabalhadores estiverem ocupados com a revisão de perfis e não com o acabamento.

1.4 Ataque de clonagem de identidade (ICA)

Embora a utilização das redes sociais em linha tenha muitas vantagens, esta prática acarreta muitos riscos de segurança. Um desses riscos é o ataque de clonagem de identidade. Neste tipo de ataque, tal como ilustrado na Figura 1.2, o agressor começa por tentar descobrir abordagens para adquirir os dados mais próximos de um objetivo a partir do seu perfil aberto ou da sua página inicial individual, por exemplo, o seu nome, área, ocupação e lista de companheiros. Depois, o atacante adopta a identidade do alvo criando um perfil semelhante ou mesmo idêntico numa rede social online. O atacante envia pedidos de amizade aos contactos do alvo e, assim que os pedidos de amizade são aceites, recria a rede de amigos do alvo para obter acesso aos perfis dos amigos do alvo. Além disso, utilizando os dados pessoais do alvo, um atacante pode lançar ataques de clonagem de identidade contra os amigos do alvo.

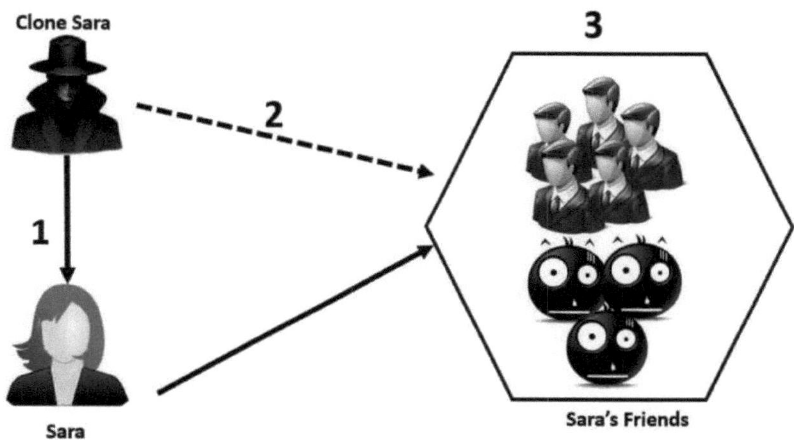

1. Clone profile of Sara.
2. Sent friends requests to Sara's friend with a message "I am another profile of Sara, Add me".
3. has rejected while accepted.

Figura 1.2 Ataque de clonagem de identidade (ICA)

1.5 Declaração do problema

Um ataque de clonagem de identidade não é apenas um simples ataque à privacidade de um utilizador, mas pode também prejudicar a imagem do utilizador no mundo real, publicando e comentando vídeos, citações e imagens que ultrapassam a ética e a moral. A identidade da vítima pode ser utilizada para muitos fins maliciosos. Uma vez que o terrorismo é uma das maiores ameaças do mundo atual, os terroristas podem utilizar o perfil da vítima para encorajar o extremismo na geração jovem e desviar a sua atenção da moralidade e da integridade, convidando-a para diferentes eventos baseados no terrorismo, publicando vídeos e mensagens extremistas no seu mural e envolvendo-a em discussões que a convençam a amotinar-se e a trair-se. É fundamental garantir a segurança total dos clientes das redes sociais em linha; geralmente, as pessoas podem perder a confiança nas redes sociais.

A ideia de proteger os perfis individuais nas redes sociais em linha há muito que se distingue, tendo sido adoptadas diversas metodologias para o efeito. Os analistas anteriores fizeram um trabalho profícuo no quadro de descoberta, mas alguns utilizaram uma verificação destacada para a identificação e alguns deles não detectaram determinadas situações que são imperativas para o reconhecimento do ataque de clones. A este respeito, Zifei et al. [12] propuseram adicionalmente um planeamento estrutural do quadro de identificação para identificar o ataque de clones, embora Zifei tenha proposto um sistema de deteção robusto, mas ainda há hipóteses de melhorias, por exemplo, o número de fases de deteção e a verificação de semelhanças. O objetivo da proposta de Deteção de Perfis Clonados (CPD) é melhorar a arquitetura de Zifei e construir um sistema de identificação vigoroso e preciso para o Ataque de Clonagem de Identidade (ICA) com o objetivo específico de tornar os perfis dos clientes seguros para que estes possam manter a sua segurança. O sistema será vigoroso e valioso, uma vez que permitirá identificar o Identity Clone Attack em situações distintas e fornecerá igualmente medidas de localização sólidas.

1.6 Sobre a tese

O resto da tese está estruturado da seguinte forma. O Capítulo 2 resume brevemente o trabalho relacionado. Neste capítulo, são destacados alguns dos trabalhos anteriores sobre ataques de clones de identidade. Além disso, o capítulo apresenta alguns antecedentes e destaca o objetivo do desenvolvimento do sistema de deteção de ataques de clones de identidade. O capítulo 3 descreve o sistema de deteção de perfis clonados (CPD). Neste capítulo, a arquitetura do sistema proposto é apresentada e discutida em pormenor. O Capítulo 4 apresenta a implementação do sistema proposto. O capítulo apresenta uma visão profunda do sistema proposto com uma panorâmica do sistema. O capítulo 5 testa e avalia o sistema de deteção proposto. O capítulo 6 conclui o trabalho efectuado, aponta as limitações e destaca algumas áreas que podem ser exploradas no futuro.

Capítulo 2

Revisão da literatura

Introdução

O capítulo anterior abordou a introdução das redes sociais, o ataque de clonagem de identidade e um sistema de deteção para a ACI. Este capítulo trata do trabalho relacionado realizado até à data e descreve alguns dos sistemas que foram utilizados. O conceito de proteger os perfis dos utilizadores em sítios de redes sociais contra diferentes ataques e ameaças à segurança é sempre uma área de interesse para os investigadores. Devido à sua importância e significado, muitos investigadores trabalharam durante anos e forneceram directrizes, definições de privacidade e sugestões para educar os utilizadores das redes sociais em linha para uma utilização segura dos seus perfis. Muitos outros realizaram estudos frutuosos e forneceram produtos e técnicas úteis [13, 14, 15, 16 e 17]. Seguem-se os trabalhos de alguns investigadores sobre ameaças à segurança dos perfis dos utilizadores nas redes sociais em linha:

2.1 . Directrizes, definições e sugestões para a privacidade e segurança

As características interessantes das redes sociais em linha não só são atractivas para as entidades maliciosas explorarem as informações de um utilizador, como também atraem os investigadores para protegerem estes perfis em linha de diferentes ameaças à segurança. Conti et al. [18] trabalharam em questões de segurança relacionadas com perfis em linha. Forneceram orientações e sugestões para a privacidade e a segurança dos utilizadores de redes sociais em linha e um sistema de deteção para a identificação de perfis falsos quando a vítima ainda não criou um perfil. Garantiram igualmente que são os primeiros a decompor um diagrama de rede social numa perspetiva dinâmica. Robison et al. [15] realizaram um inquérito para determinar a consciência e a atitude de um utilizador em relação à segurança e à privacidade das mensagens instantâneas. Também forneceram um modelo de conversação segura no Facebook.

Antonio et al. [19] criaram o Safebook para os utilizadores das redes sociais em linha. Em vez de armazenar as informações dos utilizadores num único fornecedor de SNS em linha, os utilizadores podem agora armazenar as suas informações pessoais em diferentes pares, que são os seus amigos do mundo real. Viswanath el al. [20] estudaram a comunicação entre os utilizadores da rede social em linha Facebook. Recolheram dados sobre a amizade dos utilizadores com os seus amigos e a sua atividade no mural e, em seguida, efectuaram uma análise para descobrir a natureza da comunicação e a sua força. Faisal et al. [21] destacaram a informação sobre segurança e privacidade, fornecendo orientações de sensibilização aos utilizadores em linha nos sítios sociais. Discutiram questões de privacidade e sensibilização para a segurança na perspetiva islâmica para minimizar os problemas de privacidade no Facebook.

2.2 . Padrões de ataque

Como já foi referido, há muitas ameaças associadas às redes sociais em linha. Bhumiratana [17] estudou diferentes técnicas que um atacante pode adotar para criar uma relação falsa com um utilizador de redes sociais em linha, a fim de roubar informações pessoais de utilizadores autenticados. Também trabalhou em técnicas de autenticidade de perfis falsos e forneceu algumas orientações sobre a forma como um ataque pode ser evitado por programadores e utilizadores. Bilge et al. [22] estudaram diferentes metodologias de roubo de informações pessoais dos utilizadores de redes sociais em linha e forneceram sugestões úteis para melhorar a segurança das redes sociais. Estudaram dois padrões de ataque. O primeiro padrão de ataque é quando a vítima tem um perfil online na mesma rede social e o atacante cria um perfil clone. O segundo padrão de ataque ocorre quando a vítima ainda não criou um perfil em linha. De acordo com a sua experiência, ambos os ataques são viáveis em situações reais.

Lio et al. [23] descreveram em pormenor diferentes ameaças à segurança dos utilizadores em linha. Também forneceram um mecanismo de proteção para os utilizadores de redes sociais em linha. Para a experiência, visaram os utilizadores do Facebook. Balduzzi et al. [16] trabalharam num novo padrão de ataque às redes sociais. Neste padrão de ataque, um agressor pode questionar o fornecedor da rede social para obter endereços de correio eletrónico registados e, em seguida, rastreia os perfis dos utilizadores que estão associados a esses endereços de correio eletrónico. Uma vez identificados os perfis associados aos endereços de correio eletrónico seleccionados, o agressor pode roubar as informações publicamente disponíveis do utilizador. Os autores experimentam o trabalho proposto em oito redes sociais em linha diferentes. Algumas redes sociais implementaram o seu trabalho e tornaram o seu sítio Web mais seguro do que antes.

2.3 . Soluções para a deteção do Identity Clone Attack

Atualmente, as tecnologias da informação e da comunicação sofreram uma enorme evolução, o que afectou significativamente a vida de todos. As redes sociais atingiram novos níveis, melhorando a interconectividade entre regiões e povos. Apesar destes avanços nas tecnologias da informação e da comunicação, também obrigaram os utilizadores a enfrentar muitos desafios. O ataque de clonagem de identidade é um exemplo desses desafios. Os investigadores forneceram muitas soluções sob a forma de produtos de software para detetar estes ataques. Lofciu et al. [24] trabalharam na atividade de marcação em diferentes redes sociais em linha, por exemplo, Flicker, Delicious e StumbleUpon. Investigaram se a atividade de marcação pode ou não identificar um utilizador em diferentes redes sociais em linha. Para efeitos de identificação, combinaram as identidades dos utilizadores e as suas etiquetas, o que permitiu uma precisão entre 60% e 80%.

A informação publicamente disponível nas redes sociais em linha pode ser utilizada para criar uma impressão avançada em forma de pé de um cliente, que pode ser utilizada para muitos fins úteis e prejudiciais. Malhotra et al. [25] criaram pegadas digitais de utilizadores de redes sociais em linha utilizando o Twitter e o LinkedIn como conjunto de dados. Para criar a pegada digital, utilizaram diferentes classificadores para desambiguar os perfis dos utilizadores. Combinaram informações publicamente disponíveis dos utilizadores em linha, por exemplo, nome, imagem e localização, e APIs de grafos para extrair informações dos utilizadores para fins de identificação. Irani et al. [26] também trabalharam com grandes pegadas sociais em linha. Investigaram que, em cerca de 40% dos casos, um atacante pode facilmente criar um perfil falso. Enquanto em 10% a 35% dos casos, um atacante pode criar um perfil clone utilizando as informações publicamente disponíveis da vítima através da criação de uma pegada social em linha.

Kontaxis et al. [27] trabalharam na deteção de ataques de clones de identidade em redes sociais em linha. Para efeitos de deteção, criaram um modelo de estrutura que pode ser utilizado pelos clientes do LinkedIn para reconhecer se um cliente é ou não vítima de um ataque de clonagem de identidade. Yousefi et al. [28] estudaram em pormenor o ataque de clonagem de identidade e propuseram um sistema de deteção. No sistema proposto, uma rede social é apresentada sob a forma de um gráfico e, em seguida, de acordo com a semelhança entre os clientes, este diagrama é isolado em grupos mais pequenos. Posteriormente, os perfis semelhantes aos perfis reais foram agrupados e a sua força foi calculada. Conti et al. [29] trabalharam na ideia de redes sociais privadas virtuais para proteger a informação do cliente, que é exposta a entidades maliciosas. Propuseram a arquitetura completa e a implementação de uma rede social privada virtual para a plataforma Facebook e resolveram também algumas questões relacionadas com a rede social privada virtual.

2.4 Técnicas de medida de similaridade

Os investigadores adoptaram diferentes técnicas e métodos para fazer corresponder um par de perfis. Alguns investigadores utilizaram a técnica denominada semelhança de atributos (nome, localização e emprego) para fazer corresponder a semelhança de perfis. Alguns académicos utilizaram a técnica designada por semelhança das redes de amigos para detetar perfis idênticos. Alguns utilizaram ambas as técnicas com outras abordagens para reconhecer os mesmos perfis. Bhattacharyya et al. [30] estudaram a semelhança entre utilizadores de uma rede social em linha. A semelhança entre utilizadores baseia-se em entradas de perfis de utilizadores, chamadas palavras-chave. Primeiro, estudam a distribuição das palavras-chave e, em seguida, criam uma floresta dessas palavras-chave com base na semelhança semântica das palavras-chave. Concluíram que a semelhança entre amigos directos é superior à de qualquer outro par de utilizadores que não sejam amigos na rede social em linha. Testaram com êxito o trabalho proposto nos perfis dos utilizadores do Facebook.

Jin et al. [31] propuseram um sistema de deteção e validação de ataques de clones de identidade. Propuseram duas abordagens, ou seja, a semelhança de atributos e a semelhança de redes de amigos, para identificar as identidades suspeitas. A sua medida de similaridade funciona em diferentes cenários, por exemplo, quando um atacante adiciona identidades falsas à sua lista de amigos e quando um atacante adiciona identidades falsas e autenticadas à sua lista de amigos. Raze et al. [32] também estudaram o ataque de clonagem de identidade em redes sociais em linha e propuseram um quadro baseado na medida de semelhança de atributos e na medida de semelhança da rede de amigos.

Perito et al. [33] introduziram o problema de ligar perfis de um utilizador utilizando apenas o nome de utilizador. O trabalho que propuseram pode funcionar em todas as redes sociais em linha porque nem todas as redes sociais em linha escondem os nomes de utilizador. Eles propuseram duas técnicas de criação de perfis. Em primeiro lugar, a unicidade do nome de utilizador para ligar perfis com o mesmo nome. Em segundo lugar, a ligação de perfis de um utilizador com nomes de utilizador diferentes utilizando os seus registos. Carmagnola et al. [34] trabalharam na identificação única de um utilizador e criaram um perfil em diferentes redes sociais em linha. Para efeitos de identificação, utilizaram uma técnica de comparação de pares de atributos dos perfis dos utilizadores.

Vosecky et al. [35] propuseram uma funcionalidade para agrupar todos os amigos em linha de um utilizador num ambiente integrado. Para efeitos de agrupamento, utilizam a técnica de correspondência de perfis e testam a técnica proposta em duas redes sociais em linha. Verificaram a eficácia e a proficiência da arquitetura proposta na identificação de perfis idênticos em diferentes sítios Web. Cheng et al. [36] tornaram os perfis em linha dos utilizadores seguros contra ameaças à segurança utilizando a técnica de correspondência de livros de endereços em telefones inteligentes. Testaram a sua técnica na plataforma android e obtiveram resultados eficazes. Também deram algumas sugestões ao programador do Messenger sobre como evitar determinadas circunstâncias.

2.5 Plataforma de Experimentação

A seleção do conjunto de dados adequado para a investigação é o passo inicial para a aprovação da hipótese proposta. Os investigadores utilizaram diferentes plataformas e conjuntos de dados para fins experimentais com vista à identificação do ataque de clonagem de identidade. Na nova era da tecnologia, foram envidados vários esforços para inventar novos métodos e técnicas destinados a evitar ataques à segurança e à privacidade.

Existem essencialmente dois tipos de plataformas utilizadas pelos investigadores para identificar ataques de clonagem. No primeiro tipo, ou seja, a "clonagem de perfis", apenas um sítio de rede social é a área-alvo de estudo, ao passo que no segundo tipo, ou seja, a "clonagem de perfis entre sítios", estão a ser investigados vários sítios de redes sociais.

2.5.1 Clonagem de perfis

Zifei et al. [12] efectuaram uma experiência na Renren, a maior rede social em linha da China. Utilizaram uma plataforma, a Renren, para testar a eficácia da estratégia proposta com diferentes tipos de ataques de clonagem. Robison et al. [15] realizaram um inquérito utilizando a plataforma Facebook, para descobrir as atitudes e a natureza relacionadas com as mensagens instantâneas e a sua segurança. Conti et al. [18] também experimentaram o protótipo proposto para a deteção de perfis falsos no perfil dos utilizadores do Facebook.

Viswanath et al. [20], que estudaram a interação dos utilizadores nas redes sociais, e Bilge et al. [22], que investigaram o ataque de clonagem de identidades, utilizaram todos estes autores a plataforma Facebook para a experiência. Kontaxis et al. [27]

testaram o protótipo que propuseram para detetar a clonagem de perfis de redes sociais no sítio LinkedIn, orientado para as empresas. Kharaji et al. [28] propuseram uma abordagem para a deteção de ACI na rede social em linha e utilizaram os perfis de utilizadores do Facebook para efeitos de investigação.

Conti et al. [29] também utilizaram a plataforma do Facebook para a experiência. Do mesmo modo, Bhattacharyya et al. [30] utilizaram igualmente informações do Facebook para investigar a semelhança de palavras-chave do utilizador na rede social em linha. Por outro lado, Jin et al. [31] propuseram um quadro para descobrir as identidades suspeitas e, em seguida, o seu sistema de validação numa rede social popular e famosa, o Facebook.

2.5.2 Clonagem de perfis entre sites

Balduzzi et al. [16] utilizaram oito redes sociais diferentes para testar a arquitetura proposta. Essas oito redes sociais são o Facebook, o Myspace, o Twitter, o LinkedIn, o Friendster, o Badoo, o Netlog e o XING. Como indicado por eles, estes sistemas foram seleccionados com base no facto de se tratar de diversos tipos de redes sociais, por exemplo, de negócios, de parentesco e de encontros. Bhumiratana [17] experimentou o seu modelo criado de robotização de determinado clone de identidade em redes sociais em linha no Twitter e no Facebook. Por outro lado, Lofciu et al. [24] propuseram diferentes estratégias para a identificação de um utilizador em diferentes redes sociais utilizando etiquetas, tendo utilizado o Flicker, o Delicious e o StumbleUpon como conjunto de dados para avaliação.

Malhotra et al. [25] examinaram a proximidade dos perfis de um cliente em redes sociais distintas e experimentaram a arquitetura proposta no Twitter e no LinkedIn. Irani et al. [26] estudaram as pegadas sociais em linha de um utilizador. Testaram o sistema proposto em dez redes diferentes: Delicious, Flicker, YouTube, Last.Fm, LinkedIn, LiveJournal, Myspace, Twitter, Digg e Technorati. Perito et al. [33] também utilizaram perfis de diferentes redes sociais para investigar a exclusividade e a rastreabilidade do nome de utilizador. Para efeitos da experiência, utilizaram perfis do

Google, contas do eBay, Myspace e também dados do diretório LDAP do centro de investigação. Carmagnola et al. [34] estudaram a identificação de um utilizador utilizando dados públicos de utilizadores na Web social, nomeadamente o Myspace e o Skype. Por sua vez, Vosecky et al. [35] também utilizaram diferentes redes sociais para investigação e identificaram um utilizador no Facebook e na rede social StudiVZ, tendo esta identificação sido baseada na correspondência de perfis.

2.6 Limitações dos estudos actuais

Todos os investigadores fizeram um trabalho profícuo para proteger o perfil dos utilizadores nas redes sociais em linha. Como já foi referido, alguns investigadores realizaram estudos sobre as ameaças à segurança dos perfis em linha e tentaram educar os utilizadores para uma utilização segura dos perfis em linha. Alguns investigadores forneceram sistemas de deteção para detetar os perfis maliciosos, enquanto outros forneceram recomendações básicas sobre como proteger as informações dos utilizadores nas redes sociais. Apesar disso, existem limitações no trabalho proposto pelos investigadores. Por exemplo, alguns investigadores limitaram-se a realizar inquéritos para identificar as questões relacionadas com as redes sociais, enquanto outros forneceram sugestões simples para uma utilização segura. Alguns investigadores forneceram sistemas de deteção para detetar os perfis suspeitos, mas estes produtos têm uma ou duas fases de deteção que não foram capazes de detetar os perfis maliciosos se o atacante tiver adicionado identidades falsas à sua lista de amigos. Do mesmo modo, esses produtos não conseguiram incorporar a lista de amigos excluídos e recomendados no seu processo de deteção.

Resumo

Este capítulo fez um levantamento do trabalho realizado no domínio do ACI e dos sistemas desenvolvidos até à data. O capítulo seguinte centra-se apenas nos objectivos do sistema de deteção da ACI proposto, na sua arquitetura e no seu funcionamento.

Capítulo 3

Detetor de perfis de clones (CPD)

Introdução

No capítulo anterior, foi abordada a pesquisa bibliográfica sobre a ACI. Este capítulo trata das detecções de perfis clonados específicas do sistema proposto. Aqui, a arquitetura do Detetor de Perfis Clones proposto para a plataforma do Facebook é discutida em pormenor.

3.1 Contribuições do trabalho proposto

Atualmente, o ataque de clones de identidade é uma questão influente nas redes sociais em linha que está a atrair a atenção dos investigadores para combater este ataque. A este respeito, Zifei et al. [12] propuseram um planeamento estrutural do quadro de identificação para identificar o ataque de clones, como mostra a Figura 3.1. Melhoram o padrão de ataque de clonagem, ou seja, a amostragem em bola de neve e o ataque de iteração, e fornecem algumas estratégias para a segurança do perfil dos utilizadores nas redes sociais em linha. De igual modo, propuseram um quadro de identificação de proteção contra este ataque, denominado CloneSpotter.

Apesar do facto de a sua modelação de construção ser robusta e produtiva, existem possibilidades de mudança. A verificação de similaridade [27] que utilizam para medir a proximidade de propriedades não funciona em diversas situações, por exemplo, não quantifica a semelhança entre o sistema de companheiros excluídos e recomendados. Não está preparada para identificar quando o agressor inclui diferentes personagens falsas no sistema dos seus companheiros. Além disso, não está preparado para identificar quando um agressor tem personalidades falsas dos companheiros da vítima. Utilizam o endereço IP para a prova de distinção após o desapontamento do medidor de similitude, no entanto, tem igualmente o problema do IP mocking [37], se o agressor for suficientemente astuto pode piratear o endereço IP eficazmente. O Clone Profiles Detetor (CPD) é a melhoria e extensão do trabalho de Zifei para ultrapassar as limitações e fraquezas da arquitetura do CloneSpotter.

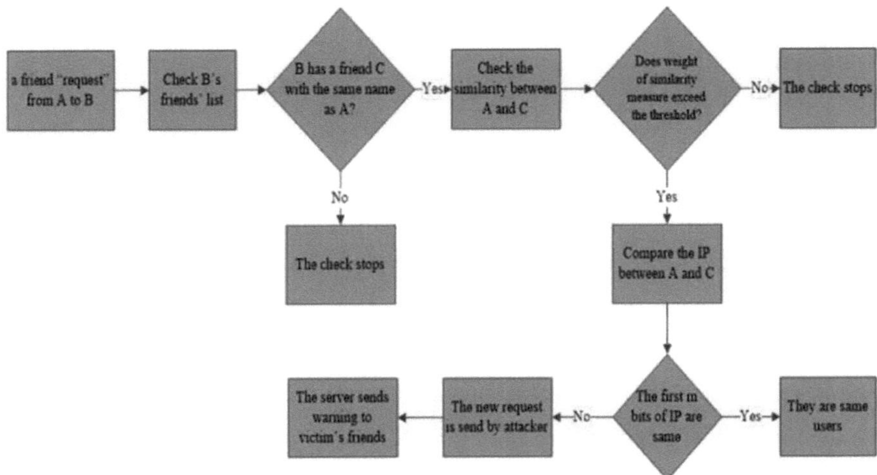

Figura 3.1. A arquitetura do CloneSpotter

3.2 Metas e objectivos

A seguir, os destinos do trabalho proposto:

- Salvaguardar a proteção dos dados do perfil do indivíduo na rede social em linha.
- Proteger o cliente contra o ataque de clonagem de identidade (ICA) nas redes sociais em linha.
- Acompanhar as vítimas e os seus acompanhantes a partir do ICA após a identificação da agressão.

Este trabalho de exploração constituirá uma barreira bem sucedida contra o ICA.

3.3 Funcionamento do Detetor de perfis de clones (CPD)

O CPD é um sistema de deteção robusto e eficiente para o ataque de clonagem de identidade. Este sistema de deteção é um processo de três passos em que a deteção começa quando um pedido de amizade é enviado a um utilizador, como mostra a Figura 3.2.

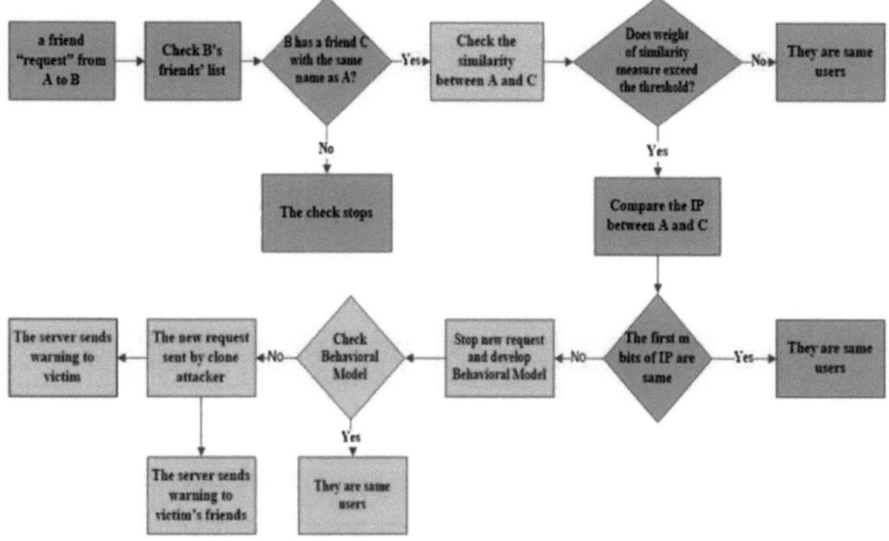

Figura 3.2. Detetor de perfis de clones (CPD)

A primeira fase é uma medida de semelhança, na qual é verificada a semelhança de dois perfis de clones. A segunda fase é uma verificação do endereço IP dos dois perfis. A terceira e última fase é uma comparação utilizando o modelo comportamental. Por exemplo, um pedido de amizade é enviado de A, onde A pode ser um clone ou um utilizador válido, para B, que é amigo da vítima, como mostra a Figura 3.2. A lista de amigos de B é verificada para determinar se B já tem um amigo com o nome A? Se B não tiver um amigo com o nome A, a verificação é interrompida e não se prossegue com qualquer procedimento adicional. No entanto, no caso de B ter um amigo A (suponha que C é o amigo com o mesmo nome A na lista de amigos de B), então a medida de semelhança entre A (remetente do pedido de amizade) e C (amigo na lista de amigos de B com o mesmo nome A) é efectuada para diferentes cenários para determinar se A é um perfil clone. Se a medida de semelhança não for bem sucedida na identificação da semelhança entre A e C, o processo de deteção é transferido para a segunda fase. Esta fase verifica os endereços IP de A e C. Se o ataque de clone não puder ser detectado pela verificação do endereço IP, a verificação do ataque de clone passa para a última fase, na qual a tabela de pesquisa do modelo comportamental é utilizada para comparar os perfis de A e C. Se o modelo comportamental detetar que o novo pedido não é do utilizador autenticado A, será enviada uma notificação à vítima C e B, informando-as de que o novo pedido é um ataque de clone. Os amigos da vítima também serão notificados através de uma mensagem sobre o pedido clone.

A maioria dos sistemas existentes utilizou uma arquitetura de deteção de um ou dois níveis para os ataques de clonagem de identidade. Sugerimos uma abordagem de deteção de três níveis para melhorar a arquitetura do CloneSpotter para a deteção de ataques de clones de identidade. Este modelo também ultrapassa as limitações dos modelos anteriores, proporcionando um ambiente mais seguro para os utilizadores, ou seja, a medida de semelhança do CPD pode funcionar em diferentes cenários. Em vez de um ou dois níveis de deteção, o CPD prevê três níveis de deteção, ou seja, a medida de semelhança, a verificação do endereço IP e o modelo comportamental. E a camada mais competente do modelo comportamental para a deteção no CPD é notável.
Seguem-se três módulos importantes que realizam os processos de deteção no sistema do CPD.

3.3.1 Medida de semelhança

3.3.2 Verificação do endereço IP

3.3.3 Modelo comportamental

3.3.4 Medida de semelhança

Uma medida de semelhança de perfis representa a semelhança entre os atributos de dois perfis, como o nome, o sexo, a localização e a data de nascimento. Esta técnica é muito utilizada pelos investigadores nas redes sociais em linha para a deteção de ataques de clonagem de identidade e de perfis falsos. Várias medidas de similaridade foram propostas por [27], mas ainda não existe uma medida de similaridade que forneça uma similaridade exacta para a deteção de dois perfis em todos os cenários [12]. A maioria dos investigadores produziu as suas próprias fórmulas e técnicas propostas, enquanto outros utilizaram métodos de medida de semelhança já disponíveis para a deteção.

A verificação da semelhança é a primeira fase de deteção no CPD, que começará a ser processada quando um utilizador B receber um pedido de amizade do utilizador A. O CPD começará a analisar a lista de amigos de B para verificar se B tem um amigo com o mesmo nome de A. Se B tiver um amigo C com o mesmo nome de A, o CPD verificará a semelhança entre A e C relativamente às seguintes características

- Similaridade de atributos
- Similaridade da rede de amigos
- Múltiplas identidades falsas perfisimilaridade

Caso contrário, o CPD enviará a lista de endereços IP de A e C para o módulo de verificação de endereços IP. O pseudocódigo da Tabela 3.1 mostra o processamento do módulo 1. Verificação da similaridade.

Quadro 3.1 Módulo 1. Verificação da semelhança

```
1. A friend request is made from A to B
   // Scanning friends list of B
2. Check B's friends list
   //Similarity check
3. If (B has a friend C with same name as A) then
       Check the similarity between A and C for the following attributes
         i.   Attribute similarity
         ii.  Friend network similarity
         iii. Multiple fake identities profile similarity
   Else
         Send friends IP list of A and C to IP Address Check module
   End If
```

Onde:

O CPD utiliza a medida de similaridade sugerida em [31] com algumas modificações no número de atributos para a similaridade de atributos e no valor do limiar. Por exemplo, para a medida de similaridade de atributos, foi utilizada a seguinte fórmula

$$\boldsymbol{Satt}\ (\mathbf{P}\boldsymbol{c}, \mathbf{P}\boldsymbol{v}) = \mathbf{SA}\boldsymbol{vc} \div \sqrt{(|\mathbf{A}\boldsymbol{c}| \times |\mathbf{A}\boldsymbol{v}|)}$$

- S *att* = Atributo de semelhança
- SAvc = Número de atributos para os quais *Pc* e *Pv* têm valores semelhantes
- P *c* = Perfil do candidato (remetente do pedido de amizade)
- P *v* = Perfil da vítima
- A *c* = Atributos publicamente disponíveis do candidato
- A *v* = atributos da vítima publicamente disponíveis

Jin et al. [31] utilizaram os seguintes seis atributos de perfil disponíveis publicamente para a similaridade de atributos:

1. Nome
2. Faculdade
3. Ensino secundário
4. Cidade
5. Fotografia
6. Aniversário

Incluímos mais cinco atributos de perfil disponíveis publicamente, ou seja, estamos a utilizar um total de onze atributos de perfil disponíveis publicamente para verificar a semelhança dos atributos. Estes atributos disponíveis publicamente são:

1. Nome
2. Fotografia (facultativo)
3. Aniversário
4. Faculdade
5. Escola
6. Localização (residência, de)
7. Género
8. Vínculo (solteiro, casado, etc.)
9. Número de telefone
10. Trabalho
11. Correio eletrónico

De acordo com Jin et al. [31], se pelo menos dois atributos da vítima e do atacante forem iguais, a fórmula produzirá o resultado de que ambos os perfis têm os mesmos atributos. A abordagem de Jin para a similaridade de atributos não é eficiente, porque se assumirmos que o atacante conhece a vítima no mundo real, o que é bastante possível, então pode facilmente conhecer pelo menos dois atributos, por exemplo, o seu nome e localização, pelo que a fórmula gerará resultados que podem ser incorrectos. Por este motivo, alterámos o valor mínimo para a semelhança de atributos e utilizámos pelo menos quatro atributos para obter um resultado positivo, ou seja, se a vítima e o candidato têm um perfil semelhante.

Como todas as fórmulas, nomeadamente a semelhança de atributos, a semelhança da rede de amigos e a verificação de identidades falsas, geram valores entre 0 e 1, definimos os seguintes valores-limite

- 1,00= completamente idêntico
- 0,00= completamente não idêntico
- 0,40<= Parcialmente não idêntico
- 0,40> parcialmente idênticos.

Estas medidas de semelhança, nomeadamente a medida de semelhança de atributos, a semelhança da rede de amigos e a verificação de identidades falsas, foram escolhidas porque funcionam em diferentes cenários. Por exemplo, pode medir a semelhança entre redes de amigos excluídas e recomendadas, e é capaz de medir a semelhança quando um atacante adiciona várias identidades falsas à sua rede de amigos. Esta medida de semelhança também pode detetar ataques de clonagem de identidade quando um atacante cria identidades falsas dos amigos do alvo. Por vezes, quando um utilizador recebe um pedido de amizade, começa por verificar cuidadosamente os amigos comuns do remetente. Quando um utilizador fica a saber que o pedido de amizade vem de uma pessoa que é amiga dos seus outros amigos, o recetor fica com uma impressão de autenticidade e aceita o pedido de amizade sem qualquer hesitação. Por esta razão, um atacante pode adicionar identidades falsas na sua lista de amigos para dar uma impressão de validade e autenticação aos amigos da vítima.

Existem duas medidas de semelhança mais utilizadas pelos investigadores para comparar a semelhança de perfis.

Similaridade de atributos

A similaridade de atributos mede a similaridade de atributos para dois perfis. Os atributos são todas as informações publicamente disponíveis de um perfil, por exemplo, nome, cidade natal, instituto e emprego, etc.

Similaridade da rede de amigos

A semelhança da rede de amigos compara a semelhança de amigos para um par de perfis semelhantes. Pode incluir a lista de amigos, amigos mútuos, amigos excluídos e amigos recomendados.

3.3.2 Verificação do endereço IP

O endereço de convenção da Web, também designado por endereço IP, é uma marca numérica atribuída a cada PC numa rede de computadores que utiliza a convenção da Web para se corresponderem uns com os outros. O endereço IP distingue de forma notável cada PC num sistema. Existem dois tipos de endereços IP:

Endereço IP estático

Os endereços IP estáticos são o tipo de endereços IP que nunca mostrarão sinais de mudança depois de serem atribuídos a um dispositivo num sistema.

Endereço IP dinâmico

Os endereços IP dinâmicos são o tipo de endereços IP que mudam de cada vez que um dispositivo se liga a um sistema. Estes endereços IP são extremamente difíceis de seguir.

Após a falha da medida de semelhança, o CPD transfere a deteção do ICA para a verificação do endereço IP, que verificará os endereços IP de ambos os perfis, ou seja, A e C. A Tabela 3.2 mostra o pseudocódigo do módulo 2.

Tabela 3.2 Módulo 2. Verificação do endereço IP

```
//Input list of IP addresses for A and C
1. If (A and C have same location) then
       A and C are same profiles
   Else
       Send profiles of A and C to Behavioral Model module
   End If
```

Estamos a utilizar endereços IP dinâmicos no CPD para a deteção de ataques de clonagem de identidade como segundo passo. Partindo do princípio de que o atacante e a vítima não residem na mesma localização geográfica, uma vez que a utilização de endereços IP dinâmicos dificulta a localização exacta da localização geográfica de um utilizador. Se a verificação do endereço IP gerar o resultado de que a vítima e o atacante se encontram na mesma localização geográfica, consideramos que a verificação do IP falhou.

3.3.3 Modelo comportamental

Quando um utilizador inicia sessão no Facebook, o modelo comportamental começa a armazenar informações sobre a utilização de um utilizador numa base de dados. Em primeiro lugar, a verificação da semelhança e a verificação do endereço IP foram utilizadas para a deteção de ataques de clones, mas quando estas não conseguiram detetar ataques de clones, a tabela de pesquisa do modelo comportamental será utilizada para a deteção. A Tabela 3.3 mostra o pseudocódigo do módulo 3, que é o modelo comportamental.

Tabela 3.3 Módulo 3. Modelo comportamental

```
//Input Profile of A and C
1. For Profile of A and C
   i.   Sender friend request is in pending state for two weeks
   ii.  Analyze the data for profile A and C
        a). Profile usage pattern
        b). Device used
        c). Browser Information
      If (Analyzed data has enough similarities between A and C) then
        They are same users
      Else
        // Server actions
        i. New request sent by clone attacker
        ii. The server sends warning to victim's friends
        iii.    The server send warning to victim.
      End If
   Else
    Go to Module1
```

```
   End If
```

As informações seguintes são consideradas no modelo comportamental:

- Padrão de utilização de perfil (PUP)
- Dispositivo utilizado
- Navegador

Padrão de utilização de perfil (PUP)

O modelo comportamental identifica as principais categorias de cliques do utilizador após o início de sessão. Estas categorias são ainda divididas nas subcategorias apresentadas na Tabela 3.4 em apêndice. O Profile Usage Pattern (PUP) armazena estes padrões de cliques com um registo de data e hora. Por exemplo, um utilizador pode começar por clicar em notificações, o que se torna uma categoria importante do seu padrão de cliques. Posteriormente, um utilizador pode tomar uma de várias acções, por exemplo, pode apenas ver as notificações; ver, ler e gostar das mensagens nas notificações; ou ver, ler, gostar e comentar a mensagem.

Dispositivo utilizado

Um utilizador pode utilizar diferentes dispositivos para aceder às suas redes sociais em linha, que podem ser um computador de secretária, um tablet ou um telemóvel. As informações sobre o dispositivo utilizado para verificar o perfil também são armazenadas numa base de dados.

Navegador

As informações do browser utilizado para iniciar sessão no Facebook são armazenadas numa tabela. Partimos do princípio de que os browsers mais comuns que um utilizador pode utilizar para iniciar sessão incluem o Mozilla Firefox, o Opera, o Safari e o Internet Explorer.

Resumo

Este capítulo descreve o sistema proposto em pormenor, com todos os subprocedimentos que o constituem e os respectivos pseudocódigos. Além disso, o funcionamento do sistema proposto utilizando um fluxograma e um exemplo também é apresentado e discutido em pormenor. O principal objetivo do sistema de deteção proposto é proteger o perfil dos utilizadores contra ataques de clones de identidade na plataforma do Facebook. A arte mencionada diferencia o sistema proposto dos sistemas já concebidos. Resumidamente, este capítulo descreve toda a forma de detetar um perfil malicioso utilizando três fases de deteção que são a verificação da semelhança, a verificação do endereço IP e o modelo comportamental e, em seguida, sensibilizar a vítima para o atacante, de modo a tomar as medidas adequadas para proteger o seu perfil. A implementação do sistema e os pormenores gerais são apresentados no capítulo seguinte.

Capítulo 4
Implementação e visão geral do sistema

Introdução

No capítulo anterior, foi abordada a arquitetura proposta para a deteção de perfis clonados. Discutimos o funcionamento do CPD e as suas três fases de deteção, ou seja, a medida de semelhança, a verificação do endereço IP e o modelo comportamental para perfis de clones suspeitos. Também discutimos em pormenor a funcionalidade de cada fase de deteção. Este capítulo trata das ferramentas utilizadas para implementar o CPD. Além disso, são examinadas em pormenor diversas partes do quadro proposto.

4.1 Ferramentas de implementação

O Facebook é um sítio de rede social em linha que permite aos seus utilizadores partilhar fotografias, atualizar estados, partilhar vídeos e estabelecer ligações com amigos, familiares e colegas de todo o mundo. Utilizámos o perfil dos utilizadores do Facebook como conjunto de dados para as experiências. A API gráfica do Facebook foi utilizada para a extração do perfil do utilizador do Facebook e a implementação foi feita no NetBeans IDE 8.0.2 e no servidor Wamp 2.5. A codificação foi efectuada em PHP 5.4, JQuery, JavaScript e MySQL.

4.2 Componentes do Detetor de Perfis de Clones (CPD)

O Clone Profiles Detetor é constituído pelos seguintes componentes:

- Autorização de candidatura
- Página inicial
- Clones identificados
- Ligação ao processo
- Medida de semelhança
- Modelo comportamental
- Reacções

- Terminar sessão

4.2.1 Permissão de aplicação

O CPD é uma aplicação do Facebook. Quando um utilizador do Facebook quer detetar um perfil de clone depois de receber um pedido de amizade, tem de instalar a aplicação. Após a instalação, é pedido ao utilizador que confirme se a aplicação pode ou não utilizar as informações do seu perfil do Facebook, como mostra a figura 4.1. Quando a aplicação tiver autorização para aceder às informações do utilizador, começará a funcionar.

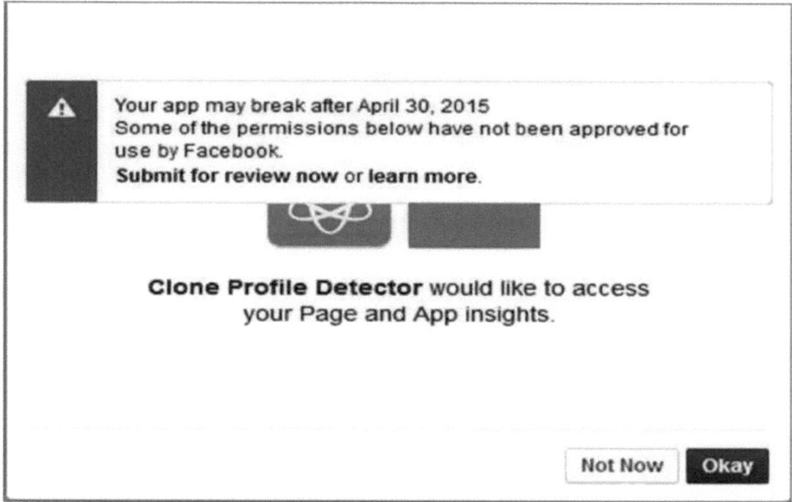

Figura 4.1 Permissão de aplicação

A aplicação instalada será mostrada na parte superior do mural do utilizador do Facebook, como mostra a Figura 4.2.

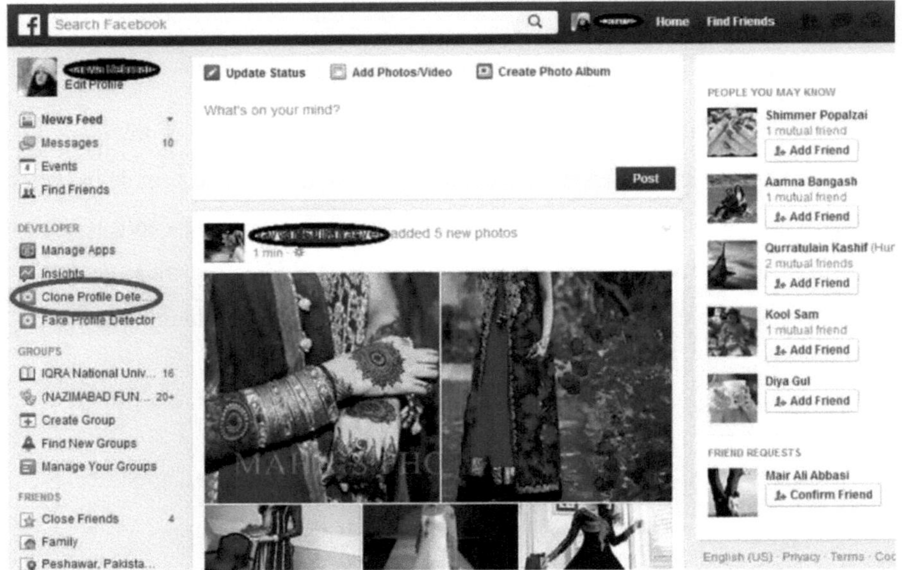

Figura 4.2 Aplicação CPD

4.2.2 Página inicial

Ao clicar na aplicação Clone Profiles Detetor, é apresentada a página inicial da aplicação. Na página inicial, o utilizador terá informações úteis sobre o ataque de clones de identidade, o que o sensibilizará para esta ameaça à segurança. Há também uma barra de menu na página inicial que consiste nos botões Home (Página inicial), Identified clones (Clones identificados), Feedback (Comentários) e Logout (Sair), como mostra a Figura 4.3.

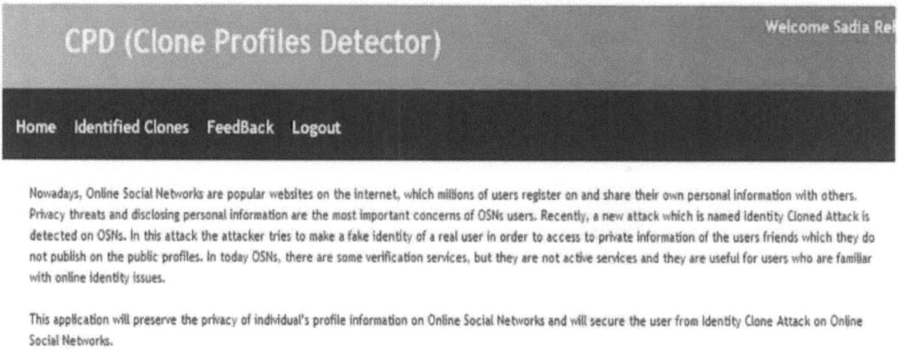

Figura 4.3 Página inicial

4.3.3 Clones identificados

O segundo botão na barra de menus é o Identified Clones (Clones identificados). O botão "Clones identificados" fornece a funcionalidade para iniciar o processo de identificação de um perfil suspeito. Uma lista de nomes de possíveis vítimas (amigos do destinatário do pedido de amizade), nomes de candidatos (remetente do pedido de amizade) e uma hiperligação para o processo em frente de cada vítima serão mostrados na página, tal como se mostra na Figura 4.4.

Quando se clica na ligação do processo (Request to process for possible clones), inicia-se o processo de identificação de dois perfis: o perfil da vítima e o perfil do presumível atacante. O processo de identificação de possíveis ICA prolongar-se-á por cerca de 15 dias. Entretanto, o pedido do remetente ficará pendente e a página mostrará a mensagem "O seu pedido foi submetido, demorará duas semanas a concluir o processo de deteção de clones". Decorridos os 15 dias, a primeira fase de deteção do CPD apresentará os seus resultados, ou seja, a medida de semelhança, depois a segunda fase de deteção, ou seja, a verificação do endereço IP e, por fim, o modelo comportamental apresentará os resultados.

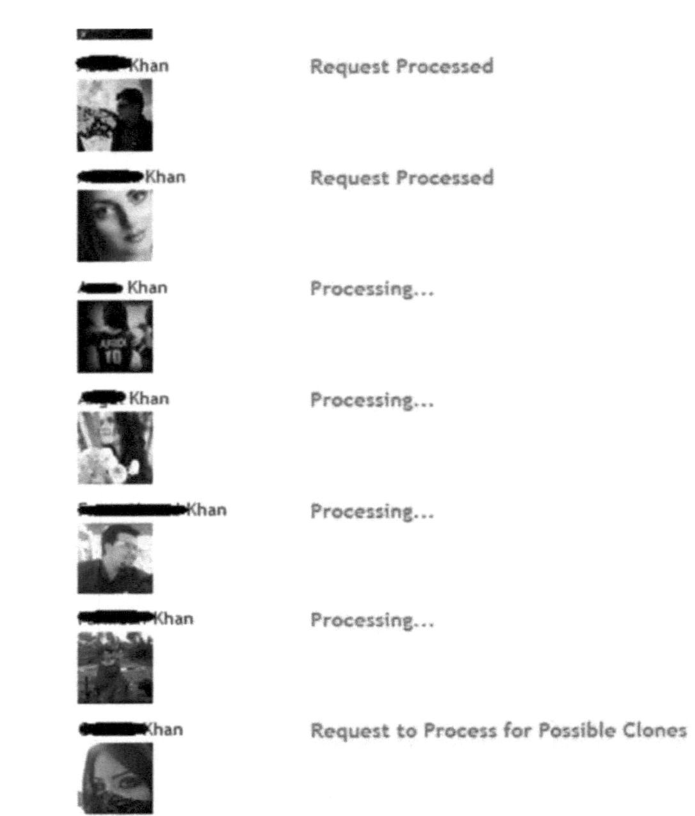

Figura 4.4 Clones identificados

4.2.4 Ligação ao processo

Três tipos de ligações de processos serão mostrados na página de clones identificados em frente de cada vítima. Estas ligações de processos são apresentadas de seguida:

- Pedido de processamento de possíveis clones
- Processamento
- Pedido processado

No início, todas as ligações "processar" à frente do nome de cada vítima serão escritas como "Pedido de processamento de possíveis clones". Quando um utilizador quiser iniciar o processo de deteção de um remetente de um pedido de amizade, deve clicar na ligação "Request to process for possible clones" (Pedido de processamento de possíveis clones). Depois de clicar na hiperligação, será aberta uma nova página com a mensagem "O seu pedido foi submetido, demorará duas semanas a concluir o processo de deteção de clones", e a hiperligação clicada será alterada para o texto "A processar". Decorridos 15 dias, a ligação "Processing" (Processamento) será alterada para o texto "Request Processed" (Pedido processado), o que significa que os resultados do processo de deteção estão agora disponíveis. Quando o utilizador clicar na ligação "Request Processed" (Pedido processado), será aberta uma nova página com três separadores: medida de semelhança, verificação do endereço IP e modelo comportamental.

4.2.5 Medida de semelhança

A medida de semelhança verificará todas as semelhanças entre a vítima e o candidato suspeito. A medida de semelhança inclui medidas de semelhança da rede de amigos, semelhança de atributos e semelhança de perfis de identidades falsas múltiplas. Qualquer controlo que não seja aplicável é também indicado à frente de cada controlo.

4.2.6 Verificação do endereço IP

A verificação do endereço IP fornecerá informações sobre a localização geográfica a partir da qual a vítima e o atacante estão mais ligados.

4.2.7 Modelo comportamental

O modelo comportamental fornecerá três tipos de informações sobre o perfil do suspeito e da vítima. Estas informações são:

- **PUP:** Primeiro clique do utilizador depois de iniciar sessão.
- **Navegador**: Navegador que utilizou para verificar o perfil.
- **Dispositivo**: O dispositivo (PC, telemóvel e tablet) é o mais utilizado para a utilização do perfil.

Quando um utilizador clica no separador do modelo comportamental, este separador mostra gráficos de pizza para cada informação mencionada que é o navegador, o dispositivo e cada categoria principal de PPI. Cada categoria principal do gráfico de pizza do PUP conterá as informações das subcategorias relevantes.

4.2.8 Reação

Na página de feedback, o utilizador pode fazer comentários para melhorias, registar as suas queixas e colocar questões, bastando introduzir o nome, o apelido e o endereço de correio eletrónico, como mostra a Figura 4.5.

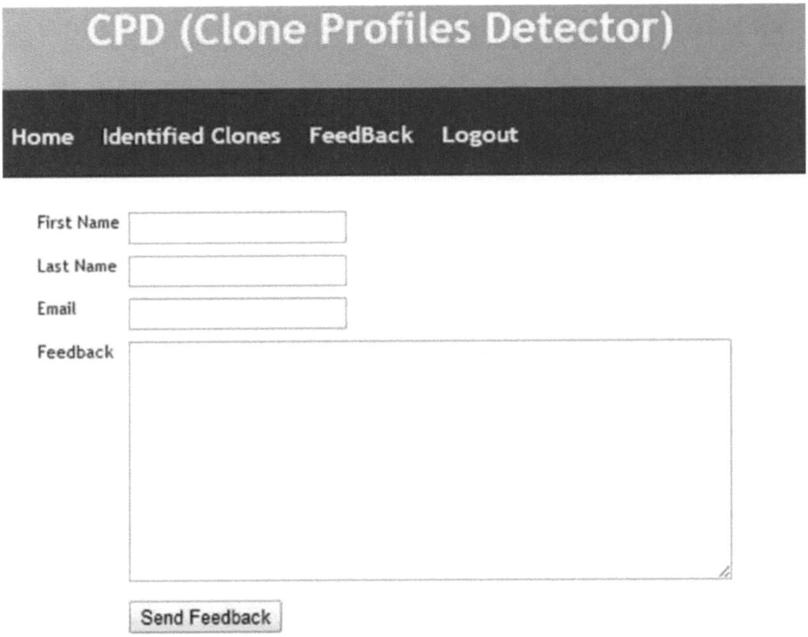

Figura 4.5 Feedback

4.2.9 Terminar sessão

O utilizador pode sair da aplicação utilizando o botão Logout, como mostra a Figura 4.6.

CPD (Clone Profiles Detector)

Home Identified Clones FeedBack Logout

Nowadays, Online Social Networks are popular websites on the internet, which millions of us
Privacy threats and disclosing personal information are the most important concerns of OSN
detected on OSNs. In this attack the attacker tries to make a fake identity of a real user in
not publish on the public profiles. In today OSNs, there are some verification services, but t
with online identity issues.

This application will preserve the privacy of individual's profile information on Online Social N
Social Networks.

Figura 4.6 Terminar sessão

O utilizador também pode iniciar sessão novamente utilizando o botão Iniciar sessão com o Facebook, como mostra a Figura 4.7.

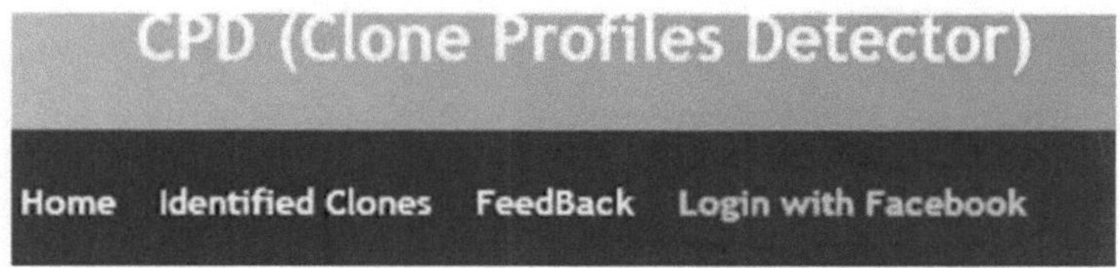

Nowadays, Online Social Networks are popular websites on the internet, which millions
Privacy threats and disclosing personal information are the most important concerns of
detected on OSNs. In this attack the attacker tries to make a fake identity of a real use
not publish on the public profiles. In today OSNs, there are some verification services, I
with online identity issues.

This application will preserve the privacy of individual's profile information on Online So
Social Networks.

Figura 4.7 Iniciar sessão com o Facebook

Resumo

Este capítulo aborda em pormenor os detalhes da implementação do sistema proposto e a visão geral do sistema. Além disso, são discutidos os principais componentes do sistema desenvolvido. O capítulo seguinte testa e avalia o sistema desenvolvido.

Capítulo 5
Avaliação e análise

Introdução

Este capítulo descreve a eficiência e a robustez da arquitetura sugerida para a deteção de ICA com base em testes e avaliações. Existem dois tipos de clonagem de perfis nas redes sociais online: Clonagem de perfis e Clonagem de perfis entre sítios, como se mostra na Figura 5.1.

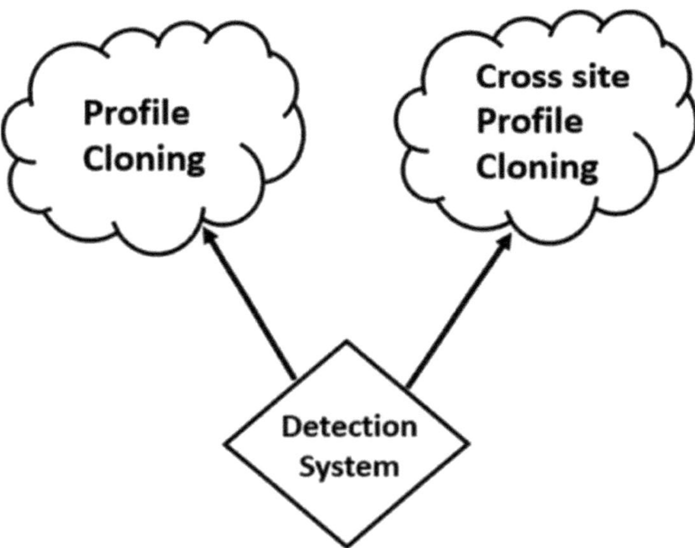

Figura 5.1 Tipos de clonagem de perfis

Na clonagem de perfis, o inimigo copia o perfil do objetivo na mesma plataforma e envia pedidos de amizade aos companheiros do alvo. Na clonagem de perfil entre sítios, o

O inimigo copia o perfil do objetivo em diversos sítios de redes sociais onde o objetivo ainda não está registado e envia pedidos de amizade aos companheiros do alvo [32].

Para a deteção do Identity Clone Attack (ataque de clonagem de identidade), é utilizada a plataforma Facebook. O Facebook é um site de rede social gratuito e generalizado que permite aos utilizadores registados criar perfis, carregar fotografias e vídeos, partilhar estados e citações, enviar e receber mensagens, adicionar pessoas à lista de amigos e manter-se em contacto com diferentes pessoas em todo o mundo [38]. Para a experimentação, o conjunto de dados de amostra continha 100 perfis em linha do Facebook. Estes perfis em linha foram seleccionados aleatoriamente, mas todos os perfis seleccionados estavam ligados entre si de alguma forma. Nestes 100 perfis, foram incorporados 10 perfis falsos e foram criados 4 perfis clones para tentar um ataque clone a determinados utilizadores.

5.1 Resultados

A experiência demonstrou que o CPD é suficientemente vigoroso e forte para detetar ataques de clones. No processo de três níveis, raramente é possível não identificar o comportamento suspeito de um atacante. Cada etapa é eficaz na deteção do ataque, especialmente a tabela de pesquisa do modelo de comportamento. Em caso de falha da medida de semelhança e da verificação do endereço IP, a tabela de pesquisa do modelo comportamental é capaz de identificar um ataque de clones devido à utilização distinta do perfil por cada pessoa.

5.2 Análise

Dois perfis clones que foram incorporados no conjunto de dados de amostra foram detectados pelas duas primeiras fases do CPD, ou seja, a verificação da semelhança e a verificação do endereço IP. No separador Medida de semelhança, o utilizador encontrou três tipos de resultados de semelhança para a deteção de ataques de clones: uma semelhança de atributo, uma semelhança de rede de amigos e, por último, várias identidades falsas. Todas estas verificações de semelhanças geraram os seus respectivos resultados, que são não idênticos para a semelhança de atributos, parcialmente idênticos para a verificação da rede de amigos e não idênticos para a verificação de identidades falsas, como mostra a Figura 5.2.

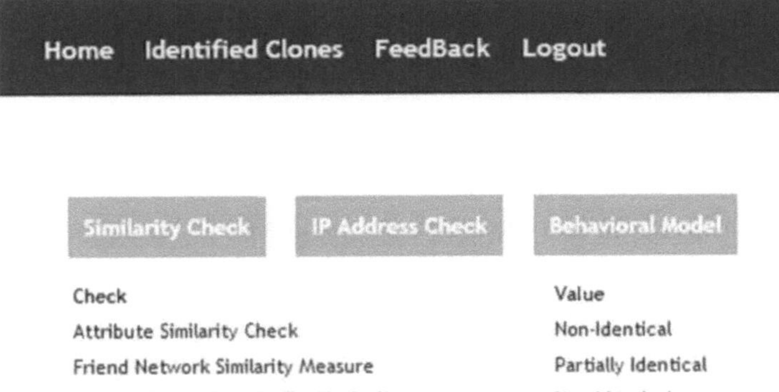

Figura 5.2 Verificação da semelhança

A partir destes resultados, determinou-se que, para a semelhança de atributos e para a verificação da semelhança de perfis com identidades falsas múltiplas, o resultado é negativo, o que significa que ambos os perfis têm atributos e amigos diferentes. Mas para a segunda verificação, que é a verificação da semelhança da rede de amigos, o resultado é parcialmente positivo, o que mostra que o remetente adicionou alguns dos amigos autenticados da vítima aos seus perfis. Por conseguinte, o resultado final da medida de semelhança é que o remetente do pedido de amizade não é o perfil do utilizador real e é um perfil clone.

Outro perfil para o qual a medida de semelhança produziu resultados de que são perfis semelhantes foi transferido para a verificação do endereço IP. A verificação do endereço IP produziu o endereço IP a partir do qual a vítima e o candidato iniciaram sessão várias vezes. Os resultados são apresentados na Figura 5.3.

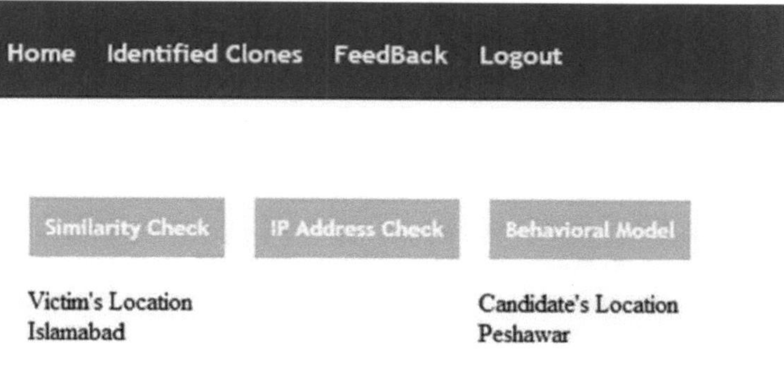

Figura 5.3 Verificação do endereço IP

Se esse terceiro candidato a perfil clone fizer um perfil exatamente igual ao perfil do alvo, não passa na verificação de semelhança e na verificação do endereço IP para detetar este ataque clone. Em seguida, a verificação passará para o modelo comportamental, onde será utilizada uma tabela de pesquisa para a deteção. O padrão de utilização, o navegador e as informações do dispositivo do perfil atual e do perfil clone serão observados durante, pelo menos, 15 dias. Porque 15 dias são metade de um mês e é mais do que suficiente para armazenar informações sobre as actividades de um utilizador para análise. Gráficos de pizza do navegador, do dispositivo e do PPI para ambos os perfis, o da vítima e o do candidato, criados pelo sistema.

Por exemplo, um utilizador foi atacado por um adversário. As informações sobre o navegador, o dispositivo e o PUP de ambos os perfis, ou seja, o utilizador original e o utilizador clone, foram armazenadas na base de dados do modelo comportamental e o sistema criou gráficos de pizza para o navegador, o dispositivo e cada categoria principal de PUP para ambos os perfis (vítima e candidato).

Os gráficos de pizza do perfil original e do perfil clone para o browser utilizado durante os 15 dias de observação são apresentados na Figura 5.4

Browsers

Figura 5.4 Navegador

A partir dos gráficos de pizza do navegador, podemos ver que a vítima e o candidato utilizaram principalmente o navegador Firefox para verificar o perfil, mas ambos têm uma percentagem de utilização diferente, ou seja, a vítima utilizou o Firefox em 40% e o candidato utilizou-o em 26%. A vítima e o candidato também usaram os mesmos dispositivos para utilizar o Facebook, como mostra a Figura 5.5. Mas a sua percentagem de utilização também é diferente, ou seja, a vítima utilizou o PC em 47% e o candidato utilizou o PC em 25%. Em conjunto, a partir das informações do navegador e do dispositivo, podemos concluir que ambos os perfis foram utilizados por utilizadores diferentes.

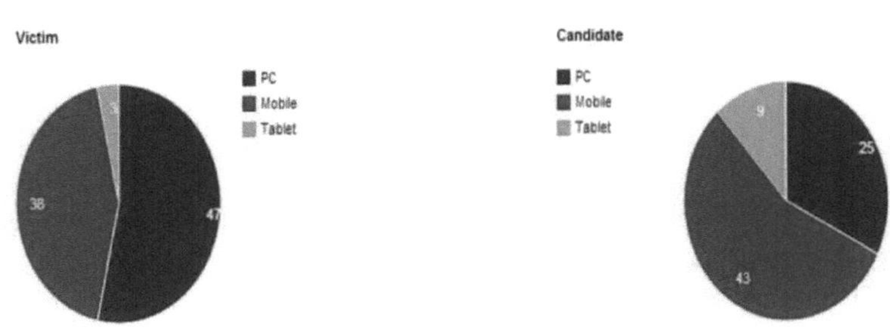

Figura 5.5 Dispositivo

A primeira categoria de PPI, que é a Notificação, os gráficos de pizza do perfil original e do perfil clone, conforme mostrado na Figura 5.6, mostraram que a vítima costumava ver as suas notificações em 80% em 15 dias de observação, enquanto o candidato costumava ver as notificações em 51%. Da mesma forma, a vítima leu as notificações em 86%, enquanto o candidato leu em 52%, a vítima gostou das notificações em 39%, enquanto o candidato gostou das notificações em 90%. E para a última subcategoria que é o comentário, a vítima comentou as notificações em 72%, enquanto o candidato comentou as notificações em 51%.

Estas medições mostram que ambos os perfis têm um comportamento diferente um do outro no caso da visualização, gosto, leitura e comentário de notificações. Foi efectuada uma análise semelhante para todas as outras 12 categorias principais de PPI, ou seja, pedidos de amigos, jogos, conversação e eventos, etc.

Por conseguinte, o remetente do pedido de amizade não é o utilizador real, mas um clone. Com a ajuda do modelo comportamental, o utilizador clone foi detectado e foi enviada uma notificação ao utilizador original e à sua lista de amigos, avisando-os do atacante.

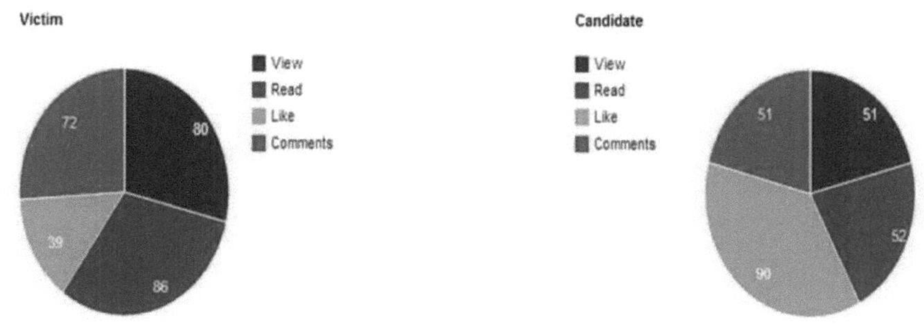

Figura 5.6 PUP Cat-1: Notificação

verão

Este capítulo centra-se nos testes e na avaliação do sistema de deteção proposto.

Além disso, os resultados e a análise também foram discutidos em pormenor. O capítulo seguinte trata das limitações do sistema desenvolvido e das direcções futuras para melhorar este tipo de sistemas.

Capítulo 6
Conclusão e trabalho futuro

6.1 Conclusão

A tecnologia moderna tornou a vida das pessoas mais relaxada e sem stress. Facilitou o trabalho, o estilo de vida e a comunicação em todo o mundo com a família, os amigos e os colegas. As redes sociais são uma parte da tecnologia moderna que está a desempenhar um papel importante na vida das pessoas. As redes sociais estão a tornar-se cada vez mais populares porque facilitam a comunicação e aproximam as pessoas umas das outras. Muitas pessoas partilham clips de áudio e vídeo, estados, imagens e citações em linha utilizando redes sociais como o Facebook e o Twitter. No entanto, existem problemas de segurança associados às redes sociais, nomeadamente os ataques de clonagem de identidade, em que um atacante cria uma cópia do perfil de um alvo e envia pedidos aos amigos do alvo. A conta clone finge ser outra conta controlada pelo alvo e pode utilizar as informações pessoais do alvo para fins maliciosos. O sistema de deteção proposto é robusto para a deteção de ataques de clones de identidade no Facebook. O CPD é um processo de três passos em que a deteção começa quando um pedido de amizade é enviado a um utilizador. Por exemplo, um cenário pode ser se a lista de amigos do atacante for autenticada, pelo que será efectuada uma medida de semelhança para este cenário. Se o primeiro passo falhar, é aplicada uma verificação do endereço IP do remetente do pedido de amizade. O modelo comportamental é chamado para comparação se a verificação do endereço IP falhar. Na modelação comportamental, o padrão de utilização do perfil, o dispositivo utilizado e a conta de início de sessão são armazenados numa base de dados, o que aumenta a possibilidade de deteção de ataques de clonagem de identidade. Após uma deteção bem sucedida, é enviada uma notificação não só à vítima do atacante, mas também aos amigos da vítima, para que também tenham conhecimento do falso pedido.

A novidade do sistema de deteção proposto é o modelo comportamental, que capta o padrão de utilização do utilizador e detecta o ataque de clone com a ajuda de um padrão de utilização único. A arquitetura proposta é eficaz na deteção de ataques de clonagem de identidade realizados no mesmo sítio social quando o atacante obtém acesso às informações do perfil do alvo.

6.2 Limitações do trabalho proposto

O sistema de deteção proposto foi testado num pequeno conjunto de dados de 100 perfis em linha do Facebook, que pode ser alargado a centenas. Por outro lado, o detetor de perfis clonados não é adequado para detetar perfis maliciosos noutros sítios de redes sociais, mas apenas para uma plataforma, o Facebook. Além disso, o modelo comportamental demora duas semanas a recolher dados sobre um perfil suspeito, o que pode ser minimizado para alguns dias.

6.3 Trabalho futuro

No atual sistema de deteção concebido, que é o CPD, podemos melhorar e implementar nas seguintes áreas

6.3.1 Arquitetura de enriquecimento do Detetor de Perfis de Clones (CPD)

Além disso, algumas construções diferentes precisam de ser modificadas para serem suportadas pelo CPD. No futuro, o CPD será melhorado com mais camadas de deteção em vez de apenas três camadas. Os gostos dos utilizadores e o estilo dos comentários nas mensagens também serão incorporados para a identificação do ICA na deteção.

6.3.2 Padrão de tempo de ação

Um utilizador pode iniciar sessão muitas vezes num dia, muitas vezes numa semana ou muitas vezes num mês. Também é possível que um utilizador faça o login uma vez por dia, uma vez por semana ou uma vez por mês. Cada utilizador tem um comportamento diferente a este respeito. Por conseguinte, o padrão de tempo de ação do utilizador também pode ser utilizado para a deteção de ACI.

6.3.3 Conjunto de dados

O CPD foi experimentado em 100 perfis de utilizadores em linha. No futuro, o conjunto de dados para a experiência será aumentado de 100 para 1000 perfis em linha. O sistema de deteção proposto é capaz de detetar perfis idênticos na mesma plataforma, o que acontece apenas na plataforma do Facebook. No futuro, o CPD será mais benéfico e eficaz para detetar os perfis clonados não só na mesma plataforma, mas também em plataformas diferentes, que podem ser o Twitter, o Myspace, o Flicker, o Google+ e o LinkedIn.

6.3.4 Tempo Duração

O CDP tem três camadas de deteção para o ICA, que são a medida de semelhança, a verificação do endereço IP e o modelo comportamental. A medida de semelhança e a verificação do endereço IP fornecem resultados em minutos, mas o modelo comportamental demora cerca de 15 dias a concluir o processo de deteção. Como trabalho futuro, esta duração da deteção será minimizada para uma semana ou menos, de modo a fornecer resultados rápidos para a identificação.

6.3.5 Independência de plataforma

O CPD pode detetar perfis de clones numa plataforma que é eficiente para a clonagem de perfis. No futuro, iremos melhorar o nosso sistema de deteção proposto para que seja competente não só para a clonagem de perfis, mas também para a clonagem de perfis entre sítios.

Bibliografia

[1] J. Vosecky, D. Hong e V. Y. Shen, "User identification across multiple social networks," in *1st Int. Conf. of The Networked Digital Technologies*, Ostrava, República Checa, 2009, pp. 360-365.

[2] Vangie Beal. (2014, Jul). *Social media* [Online]. Disponível: http://www.webopedia.com/TERM/S/social_media.html.

[3] D. Saluja e S. Singh, "Impact of social media marketing strategies on consumers behaviour in Delhi," *Virtual communities and social networking*, vol. 6, no. 2, pp. 1-23, 2014.

[4] T. Ahlqvist, A. Back, M. Halonen e S. Heinonen, "Social Media Roadmaps: Exploring the futures triggered by social media", Centro de Investigação Técnica VTT da Finlândia, Finlândia, Tech. Rep. 2454, 2008.

[5] Tim Grahl. (2014, Jul). *Os 6 tipos de Social Media* [Online]. Disponível: http://outthinkgroup.com/tips/the-6-types-of-social-media.

[6] Dicionário Oxford. (2014, Jul). *Rede social* [Online]. Disponível: http://www.oxforddictionaries.com/definition/english/social-network.

[7] K. Lewis, J. Kaufman, M. Gonzalez, A. Wimmer e N. Christakis, "Tastes, ties, and time: A new social network dataset using Facebook.com," *Social networks,* vol. 30, no. 4, pp. 330-342, 2008.

[8] Computer Hope. (2014, Jul). *Rede social* [Online]. Disponível: http://www.computerhope.com/jargon/s/socinetw.htm.

[9] Mary Gormandy White (2014, jul). *Que tipo de redes sociais existem?* [Online]. Disponível:http://socialnetworking.lovetoknow.com/What_Types_of_Social_ N etworks_Exist

[10] Teach-ICT. (2014, Jul). *Desvantagens das redes sociais* [Em linha]. Disponível: http://www.teachict.com/gcse_new/being_online/social%20networking/miniw

eb/pg4.htm

[11] JoAan. (2014, Ago). *10 vantagens e desvantagens das redes sociais?* [Online]. Disponível: https://answers.yahoo.com/question/index?qid=20131230063332AAr53TS

[12] Z. Shan, H. Cao, J. Lv, C. Yan e A. Liu, "Enhancing and identifying cloning attacks in online social networks," in *Proc. of the Int. Conf. on Ubiquitous Information Management and Communication, ICUIMC '13,*2013 © ACM. doi:10.1145/2448556.2448615.

[13] NextAdvisor. (2013, Nov). *6 maneiras de se manter seguro no Facebook: Gerenciando sua privacidade para impedir o roubo de identidade* [Online]. Disponível: http://www.nextadvisor.com/blog/2011/06/03/6-ways-to-stay-safe-on- facebook-managing-your-privacy-to-thwart-identity-theft/

[14] D. Nielsen. (2013, Out). *FightIDTheft* [Online]. Disponível: http://www.facebook.com/FightIDTheft

[15] C. Robison, S. Ruoti, T. W. V. D. Horst e K. E. Seamons, "Private facebook chat," in *Int. Conf. de Privacidade, Segurança, Risco e Confiança (PASSAT), e Int. Conf. of Social Computing (SocialCom),* Amesterdão, Países Baixos, 2012, pp. 451-460.

[16] M. Balduzzi, C. Platzer, T. Holz, E. Kirda, D. Balzarotti e C. Kruegel, "Abusing social networks for automated user profiling," in *Proc. of The Recent Advances in Intrusion Detection*, St. Lucia, 2010, pp. 422-441.

[17] B. Bhumiratana, "A Model for Automating persistent identity clone in online social network," in *Int. Conf. on The Trust, Security and Privacy in Computing and Communications (TrustCom),* Changsha, China, 2011, pp. 681-686.

[18] M. Conti, R. Poovendran e M. Secchiero, "FakeBook: Detecting Fake Profiles in Online Social Networks", em *Int. Con. on the Advances in Social Networks Analysis and Mining (ASONAM)*, Istambul, 2012. pp. 1071-1078.

[19] L. A. Cutillo, R. Molva e M. Onen, "Safebook: A Distributed Privacy Preserving Online Social Network", em *Int. Symp. on World of Wireless, Mobile and Multimedia Networks (WoWMoM)*, Itália, Lucca, 2011, pp. 1-3.

[20] B. Viswanath, A. Mislove, M. Cha e K. P. Gummadi, "On the Evolution of User Interaction in Facebook," in *Proc. of the 2nd ACM workshop on Online social networks,* Barcelona, Espanha, 2009, pp. 37-42.

[21] A. A. Faisal, B. S. Nisa e J. Ibrahim, "Mitigating Privacy Issues on Facebook by Implementing Information Security Awareness with Islamic Perspectives", in *Int. Con. on Information and Communication Technology for the Muslim World,* Rabat, Marrocos, 2013, pp. 1-5.

[22] L. Bilge, T. Strufe, D. Balzarotti and E. Kirda, "All your contacts are belong to us: automated identity theft attacks on social networks," in *Proc. of Int. Conf. on World Wide Web*, Madrid, Espanha, 2009, pp. 551-560.

[23] B. Liu, T. Zhang, Z. Xiao e J. Cao," Analysis on the Security Mechanisms of User Data Protection in Facebook," in *Int. Con. on Computing and Convergence Technology*, Seul, Coreia do Sul, 2012, pp. 532-536.

[24] T. Iofciu, P. Fankhauser, F. Abel e K. Bischoff, "Identifying users across social tagging systems," in *Int. AAAI Conf. on Weblogs and Social Media*, Espanha, 2011, pp. 522-525.

[25] A. Malhotra, L. Totti, W. Meira Jr, P. Kumaraguru e V. Almeida, "Studying user footprints in different online social networks," in *Int. Conf. on Advances in Social Networks Analysis and Mining (ASONAM),* Istambul, Turquia, 2012, pp. 1065-1070.

[26] D. Irani, S. Webb, K. Li e C. Pu, "Large Online Social Footprints - An Emerging Threat," in *Int. Con. on Computational Science and Engineering*, Vancouver, BC, 2009, pp. 271-276.

[27] G. Kontaxis, I. Polakis, S. Ioannidis e E. Markatos, "Detecting social network

profile cloning", em *Int. Conf. on Pervasive Computing and Communications Workshops (PERCOM Workshops),* Seattle WA, 2011, pp. 295-300.

[28] M. Y. Kharaji1 and F. Rizi, "An IAC Approach for Detecting Profile Cloning in Online Social Networks," *Network Security & Its Applications,* vol. 6, no. 1, pp. 75-90, 2014.

[29] M. Conti, A. Hasani e B. Crispo, "Redes sociais privadas virtuais e uma implementação do Facebook", *ACM Transactions on the Web,* Vol. 7, no. 3, pp. 14-31, 2013.

[30] P. Bhattacharyya, A. Garg, S. F. Wu, "Analysis of user keyword similarity in online social networks", *Social network analysis and mining,* vol. 1, no. 3, pp. 143-158, 2011.

[31] L. Jin, H. Takabi e J. B.D. Joshi, "Towards active detection of identity clone attacks on online social networks," in *Proc. of The 1st ACM Conf. on Data and Application Security and Privacy*, San Antonio, TX, USA, 2011, pp. 27-38.

[32] M. R. Khayyambashi, F. S. Rizi, "An Approach for Detecting Profile Cloning in Online Social Networks," in *Int. Conf. on E-Commerce in Developing Countries: With Focus on e-Security (ECDC)*, Ilha de Kish, Irão, 2013. pp. 112.

[33] D. Perito, C. Castelluccia, M. A. Kaafar e P. Manils, "How Unique and Traceable Are Usernames?", em *Privacy Enhancing Technologies,* vol. 6794, Heidelberg, Alemanha, 2011, cap. 1, pp. 1-17.

[34] F. Carmagnola, F. Osborne e I.Torre, "Dados de utilizadores distribuídos na Web social: como identificar utilizadores em diferentes sistemas sociais e recolher dados sobre eles", in *Proc. Of the 1st Int. Workshop on Information Heterogeneity and Fusion in Recommender Systems,* 2010, Barcelona, Espanha, pp. 9-15.

[35] J. Vosecky, D. Hong e V. Y. Shen, "User identification across multiple social networks," in *Int. Conf. on the Networked Digital Technologies*, Ostrava,

República Checa, 2009, pp. 360-365.

[36] Y. Cheng, L. Ying, S. Jiao, P. Su e D. Feng, "Bind Your Phone Number with Caution Automated User Profiling through Address Book Matching on Smartphone", in *Proc. do 8.º Simpósio ACM SIGSAC sobre segurança da informação, informática e comunicações,* Hangzhou, China, 2013, pp. 335-340.

[37] P. A. McLean e N. E. Hastings, "TCP/IP spoofing fundamentals", em *Proc. and Conf. on The Computers and Communications, IEEE 15th Annu. Int. Phoenix,* AZ, 1996, pp. 218-224.

[38] Margrate Rouse: *www.WhatIs.com,* 2013 (acedido em dezembro de 2013). Disponível em http://whatis.techtarget.com/definition/Facebook

Glossário

Redes sociais

As redes sociais são uma ferramenta social de comunicação.

Redes sociais

Serviços que lhe permitem estabelecer contactos com outras pessoas com interesses e antecedentes semelhantes.

Ataque de clones de identidade

Um tipo de ataque à segurança nas redes sociais em que um utilizador falso se apresenta como um utilizador válido e divulga informações pessoais de outros

Medida de semelhança de perfil

Uma técnica utilizada para medir a semelhança entre dois perfis.

Similaridade de atributos

A similaridade de atributos mede a similaridade de atributos para dois perfis, por exemplo, nome, cidade natal, instituto e emprego, etc.

Similaridade da rede de amigos

A semelhança da rede de amigos compara a semelhança de amigos para um par de perfis semelhantes.

Web 2.0

A Web 2.0 é a segunda geração da World Wide Web, que se centra na funcionalidade de fornecer uma plataforma onde os utilizadores podem partilhar e utilizar informações em linha.

Serviços de redes sociais

Os serviços de redes sociais são os serviços prestados às pessoas para construir uma rede social para aqueles que querem partilhar informações em linha.

Apêndice

Padrão de utilização de perfil (PUP)

Tabela 3.4- Padrão de utilização de perfil (PUP)

Serial No	Main Category	Sub Category
1	Notification	• View • Read • View, Read and Like • View, Read, Like and Comment
2	Messages	• View • Read • View, Read and Reply • Send New Message to friend
3	Friend Requests	• View • View and check his profile • View and accept request/ delete request • View and Block sender • Suggest friends
4	Wall Posts	• Scroll down • Read • Read and Share • Read and Comment • Read and Like

		• Read, Like and Comment • Read, Like and Share • Read, Like, Comment and Share
5	Profile	• Share status • Share Picture • Share Quotation • Share video • Share Picture/Quotation • Update profile (Display picture, worked, education, place etc.) • Account setting • Privacy setting
6	Groups	• View group posts • View group posts, like • View group posts, Like and Comment • Share posts • Invite friends
7	Page Feeds	• Scroll down • Read • Read and Share • Read and Comment • Read and Like • Read, Like and Comment • Read, Like and Share

		• Read, Like, Comment and Share
8	Chat	• View online friends • Start a new chat • Reply to message
9	Search	• Place/People/Things • Add People • Poke people/Report and Block • Follow people • Like Things • Like Places
10	Help	• Search for a problem solution • Give feedback
11	Events	• View upcoming events • Set an event • Invite friends for an event
12	App center	• Search for an App • View Requests
13	Games	• Search games • Play games • View game feeds • Like games

Printed by Books on Demand GmbH, Norderstedt / Germany